中国手作——传统手工艺匠心系列丛书

木作传奇

Muzuo Chuanqi

王锦强 ◎ 审定
周莉芬 ◎ 主编

中国科学技术出版社
·北京·

图书在版编目（CIP）数据

木作传奇 / 周莉芬主编 . —北京：中国科学技术出版社，2022.12

（中国手作——传统手工艺匠心系列丛书）

ISBN 978-7-5046-9737-0

Ⅰ.①木⋯　Ⅱ.①周⋯　Ⅲ.①木工 – 手工业者 – 介绍 – 中国　Ⅳ.① K828.1

中国版本图书馆 CIP 数据核字（2022）第 134099 号

策划编辑		徐世新
责任编辑		向仁军
封面设计		锋尚设计
版式设计		锋尚设计
责任校对		吕传新
责任印制		李晓霖

出　　版	中国科学技术出版社
发　　行	中国科学技术出版社有限公司发行部
地　　址	北京市海淀区中关村南大街 16 号
邮　　编	100081
发行电话	010-62173865
传　　真	010-62173081
网　　址	http://www.cspbooks.com.cn

开　　本	710mm×1000mm　1/16
字　　数	230 千字
印　　张	14.75
版　　次	2022 年 12 月第 1 版
印　　次	2022 年 12 月第 1 次印刷
印　　刷	北京瑞禾彩色印刷有限公司
书　　号	ISBN 978-7-5046-9737-0/K・329
定　　价	98.00 元

（凡购买本社图书，如有缺页、倒页、脱页者，本社发行部负责调换）

编委会

总 顾 问 王锦强

学术顾问 沈中明　何晓道　李学民　赵玉山　万桃元
　　　　　　杨似玉　胡发忠　王震华　郑安全

主　　任 周莉芬

副 主 任 刘　蓓　卜亚琳　刘　稳　陈　晨　蔡　卉
　　　　　　张一泓　袁　静　石舜禹　杨　洋　林毓佳

委　　员 郭海娜　崔　倩　薛　萌　玄忠玉　张　阳
　　　　　　樊　川　于丽霞　饶　祎　赵　景

引言

"心积和平气,木应正始音。"白居易的《清夜琴兴》让我们看到了这样一幅画面:一个孤寂的人夜晚弹琴,木琴发出纯正的琴音让人心态渐渐平和。

木制作品从来就是人类的好朋友——琴、棋能够陶冶人的性情;木雕作品令人赏心悦目;我们的祖先"构木为巢",而后又留下了太多矗立千百年的雄伟壮观的木构建筑;还有与我们生活息息相关的各种木制家具。

本书选取了几件代表中国传统文化的经典木制作品,从样式、制作技艺、制作人、历史、文化、产地6个方面对作品分别进行了介绍。

每个篇章的内容主要包括6个模块,分别为"一件作品""一门手艺""一位有缘人""一方水土""一段历史""一袭传统"。

"一件作品"从样式、选材、结构、特征等几个方面向读者介绍作品。一般来说,针对一副手工作品,不仅要介绍模型作品,还会着重讲这个模型对应的实物作品,比如榫卯祈年殿篇章,不仅介绍了精巧别致的祈年殿模型、用鲁班锁锁定的瓦楞、活的可拆卸的栏杆,同时还介绍了祈年殿实物的特征,如殿内的柱子,四根代表四季,十二根表示十二个月,二十八根象征周天二十八星宿等。

再如应县木塔篇章,介绍微缩模型的同时,还着重介绍了木塔实物的雄奇壮观,以及木结构如何被用到极致。

"一门手艺"则侧重介绍作品的制作工艺,如乐平古戏台的藻井,既美观,又可起到音响的作用,所以在制作上要求榫卯工艺做到严丝合缝。

再如土家族吊脚楼的穿斗架结构，作为穿斗架构件的冲天炮，是那根承接来自正屋和厢房屋脊荷载的柱子，它的创造设计能够充分展示土家族工匠大师的高超技艺。

"一位有缘人"则主要从技艺人、能工巧匠着手，讲述他们的经历，以及对木艺的热爱、对行业的执着、对自己初心的坚守，不离不弃。如坚持做"一根藤"的汤智欧、褚定江，虽然一根藤工艺几乎没有了市场，但是依然坚守，还坚持带徒弟，让这门优秀的木艺不致失传。

还有"应县木塔"篇章模型的制造者赵玉山，一生除了建塔什么也不做，建塔一直是他生命和灵魂的寄托。为了建塔他借了许多亲朋好友的钱，又都无法还上，现在已经举债无门，"省吃俭用，贷款建塔"的心声，令人闻之落泪。

也有木业并非本职工作，完全出于对传统行业的热爱，却一直坚持下来的能工巧匠，如第二章的沙窝木碗的传承人李学民、第九章中"爸爸的木匠小屋"的屋主"郑爸爸"郑安全、第十章祈年殿微缩模型的制作者王震华。

李学民本来是个多年来在建筑工地上打工的"新产业工人"，凭借对家乡沙窝木碗的热爱，放弃出外打工挣钱的机会，坚持学习沙窝木碗的制作技艺，又把自家的二楼全部用作了沙窝木旋的展览室。

郑爸爸的本职工作是水环境治理，凭着年轻时学的手艺加上对这门技艺的兴趣，把木艺当作了一生的事业，无论公司和家里都有一个木工室。

祈年殿模型的建造者王震华退休前是一位机械工程师，退休后"闭关五年"，谢绝与外界的一切往来，专心制作榫卯结构的祈年殿。

第一章中的天台和合人间文化园掌门人沈中明，第二章的十里红妆博物馆馆长何晓道，更是满怀着对传统文化的热爱走进了这个行业。

沈中明先生作为一名天台人，年少时就对天台"一根藤"情有独钟，当他有了一定的经济基础后，他投资买下了30亩的老旧厂房，没有用于他的汽车用品行业，也没有用在当时炙手可热的"炒房"上，而是筹建"和合文化博物馆"，为他钟爱的"一根藤"安家。

何晓道先生原本从事古旧家具的收集整理，结果凭着一腔对传统文化的热爱和满怀热情，收集出了一个十里红妆博物馆。

"一方水土"说了这个作品的产地有哪些特色，展现伟大祖国的美丽风景、经典故事及更多木质建筑。

"一段历史"，介绍了这副作品的历史，从产生到发展再到繁盛的一段经历。

"一袭传统"，道出了一副木作品不仅有其令人惊叹的精美外貌，更有其深刻、宝贵的文化内涵。

中国木作及其内涵是中国优秀传统文化的一部分，也是整个人类世界的宝贵物质和非物质文化遗产。

从上古"构木为巢"的人类先祖有巢氏到春秋时期木匠祖师爷鲁班，从夏朝奚仲造车到"宋朝木工第一人"喻皓，从唐代东阳木雕"活鲁班"华师傅到明朝天安门的设计者"活鲁班"师蒯祥，从二百年清宫"样式雷"家族到为一生从事古建筑研究和教学的梁思成、林徽因夫妇……

从古至今历朝历代人们创造发展着木质作品，也创造了灿烂的木作文化，在人类历史上写下了浓墨重彩的一笔。

《考工记》载，"攻木之工七"，意思是木工分为七类，《考工记》出自《周礼》，可见周代木工已分工很细。

从考古出土的遗物中看出，河姆渡时期就已经有了比较发达的木材加工工艺，木工在原始社会新石器时代就已经出现了。

夏朝时已有了专业的木工——车工，属圆木作，当时已形成了一定水平的木车制造技术。同时也形成了建筑工程的专业木工。

唐代的木器业作坊，将车的全部制造过程分为轮、辕、辐、毂等既互相关联又互相分开的不同工序，生产者各进行一种劳动，说明此时工场内部已经实行了技术协作分工。

"青铜器时代"，包括夏、商、西周、春秋，这一时期早期出现了削、锛等细平木工具，后期又出现了断截木材的刀锯。

春秋时期专业木工已经有了一定规模，出现了一些能工巧匠，"祖师爷"公输班应运而生，因为是鲁国人，所以人称"鲁班"。现在的小学生都从课本上知道，"锯"是鲁班发明的。

"铁器时代"，铁器广泛制造和使用。战国时期刀锯较春秋时期逐渐变长，并且明显有了齿形形状。

西汉中期到南北朝末期，钢刃具逐渐普及，出现了弓形锯。

南北朝末期到清朝末期，此阶段木工技术开始逐渐向精细的方向发展，木工工具也持续发展，南北朝后期到隋末唐初，中国工匠发明了框架锯。

这一时期还出现了多种平木工具，尤其是刨的发展，由最初的刀形到有了横手柄的形态，横手柄固定在木质刀柄上，双手来推，省力又方便。南宋末发明的平推刨，使得其他细平木工具和磨砻工具彻底被淘汰。

直至今天，很多手工木匠依然使用这种框架锯和这种平推刨，只是将平推刨简称为"刨子"。

近现代时期，随着时代进步和科技发展，木工机械开始出现，现代化机械木工工具的精确度、稳定性及便捷性等极大地提高了现代木工操作效率，常见的有台钻、台锯、带锯、平刨、压刨、铣床、方榫机、砂盘机等。

现代化机械给人们带来便利的同时，也往往避免不了因为操作不当给使用者带来一定的伤害，机械刚刚普及时，"木匠十人有五六人缺手指"。

互联网上出现了一些木工操作教程后，一位网名叫"冰块西瓜"的博主发布的视频教程颇受网友关注，已经有上万粉丝。

"冰块西瓜"真名叫张鑫，是一名木工设计专业的大学生，父亲和村里叔叔伯伯们都是木匠出身，也都多多少少受到过电动工具的伤害，面对现代工具，张鑫希望为新入行的人做一个安全操作规范，于是利用课余假期拍摄了视频教程。

中国传统文化博大精深，笔者浅识薄见，加之篇幅有限，自然不能详说尽说，本书以外的木作知识，希望大家另有机会去了解领略。

例如我国的木版画技艺几乎是与印刷术同步而行的，历史悠久，工艺精湛。还有每年端午竞渡江面的龙舟，始于春秋，后来流传到日本、越南、英国等地。

更有举世闻名，被列为第一批国家级非物质文化遗产名录的东阳木雕。

东阳木雕产于浙江东阳，是国内主要木雕流派中唯一因地而名的流派。

东阳木雕的内容题材非常广泛，表现颇有特色。类型有人物、山水、花鸟等。主要内容包括历史事件、神话传说、民间故事、古典文学、吉祥动物、寄情花木、风流人物、抽象图案、山水人物、鱼虫走兽、宗教佛像等。

东阳木雕源于商周，盛于明清，在唐宋得到了一定规模的发展，现存于世的北宋建隆二年（公元961年）所雕的善财童子和观音菩萨像古雅端庄，早在一千年前在如此细小的木料上，所雕人物神情风貌就如此细致入微、栩栩如生，足见东阳木雕的工艺水平。

再如三国时期出现的木牛流马，它的工作原理、制作技术都令我们叹服了近两千年。

木牛流马是诸葛亮在原有独轮车（鹿车）的基础上创新改进而成的。鹿车是古代的一种小车，窄小得仅容一只小鹿。

改装后的车子由二人驾驶改为一人，增大了容量，运输效率提高一倍，并且有几个方面的创新：

1. 车轮改在中部，重心降低，利于左右前后平衡；
2. 刹车部件（牛头分档加压）可起到下坡防滑作用；

3. 支撑部件（可收起的四足）可上台阶、过沟坎；

4. 防护部件（背盖、板方橐）可防雨、防晒、通风；

5. 车鞲可利用腰背力量、减轻臂力。

古代运送粮草，运输工具和交通路线都不方便，蜀道之难尤甚，"难于上青天"。

如果完全靠人力，用50个人来运1万斤粮食，每人每天需要吃掉两斤粮食，一天下来粮食的消耗量就是100斤。从蜀地后方运到与司马懿作战的前线往返至少要走50天，那就要吃掉5000斤粮食，相当于所运粮食的一半。

诸葛亮制作的木牛流马，大大减少了损耗。木牛流马运粮食每天可以走20里，而且运的粮食比人力运的量也大了很多，每个木牛流马载的粮食够一个人吃一年。

中国劳动人民的勤劳和智慧是无可比拟的，他们用自己的双手创造了人类文明，推动着各行各业向前发展，百花齐放，争奇斗艳。

《考工记》记述了春秋时期官营手工业各工种规范和制造工艺，并将手工业工匠分为木工、金工、皮革工、设色工、刮磨工、陶工6种。

我国古代官营制手工业，负责为官府和宫廷制造物品，例如宋代汝、官、哥、定、钧五大名窑，都有精品流传下来，代表作有官窑青釉弦纹瓶、汝窑天青釉弦纹樽、哥窑青釉贯耳瓶、定窑白釉刻花牡丹纹折沿盘和钧窑月白釉出戟尊等。

随着时代的进步和社会的发展，手工业官营与民营并驾齐驱，都取得了相当好的成绩，同时有了更细化的分类，也都创作了各类丰富多彩、精美奇巧的艺术作品，木器、铜器、陶器、瓷器、织锦、刺绣、剪纸、蜡染、泥塑、面塑、竹编、草编……不一而足。

提笔仓促，文采有限，千言万语都难以描述中国传统文化之美、之深、之广，不足之处还请读者海涵，也望专家一一斧正。

目录

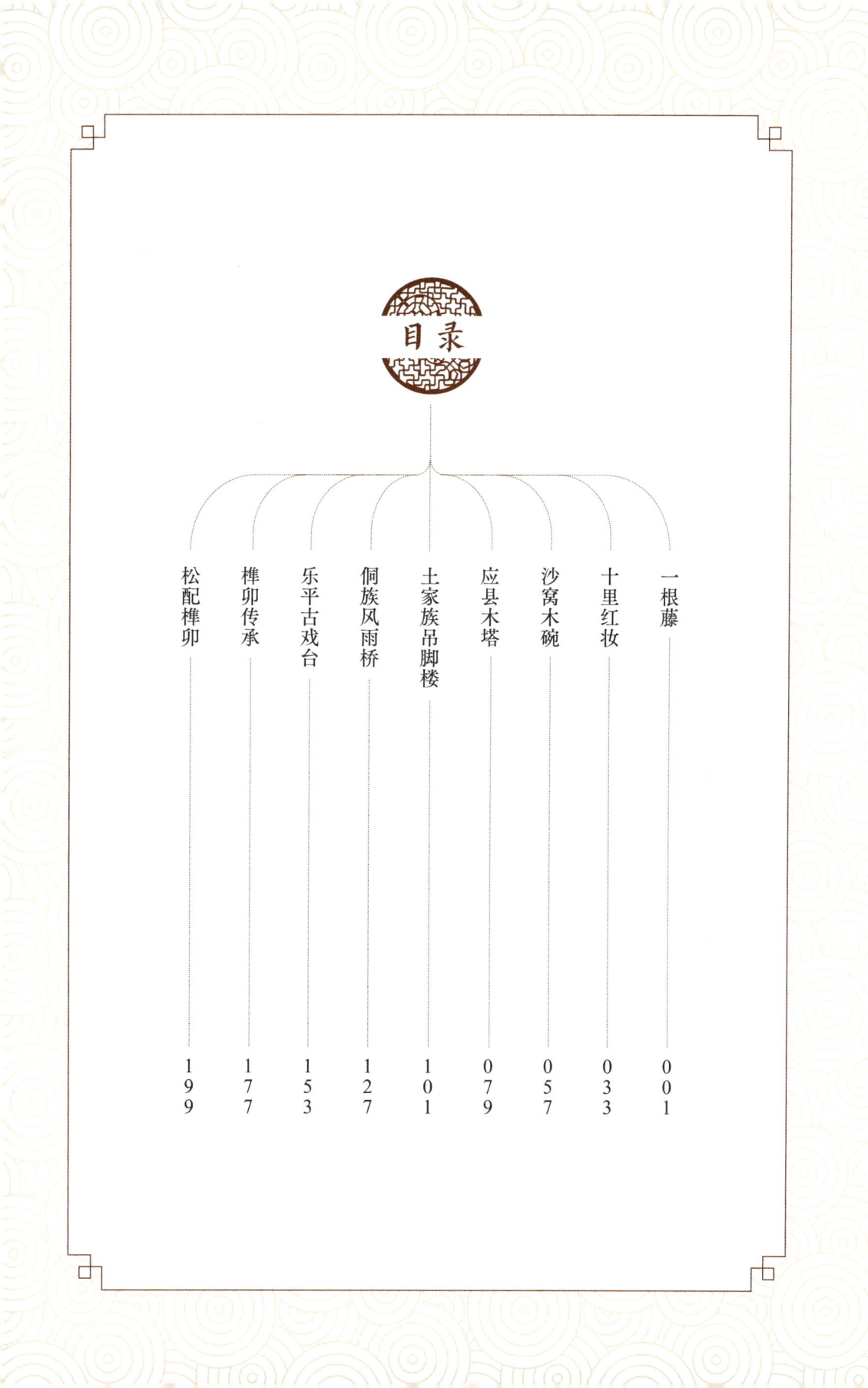

- 一根藤 001
- 十里红妆 033
- 沙窝木碗 057
- 应县木塔 079
- 土家族吊脚楼 101
- 侗族风雨桥 127
- 乐平古戏台 153
- 榫卯传承 177
- 松配榫卯 199

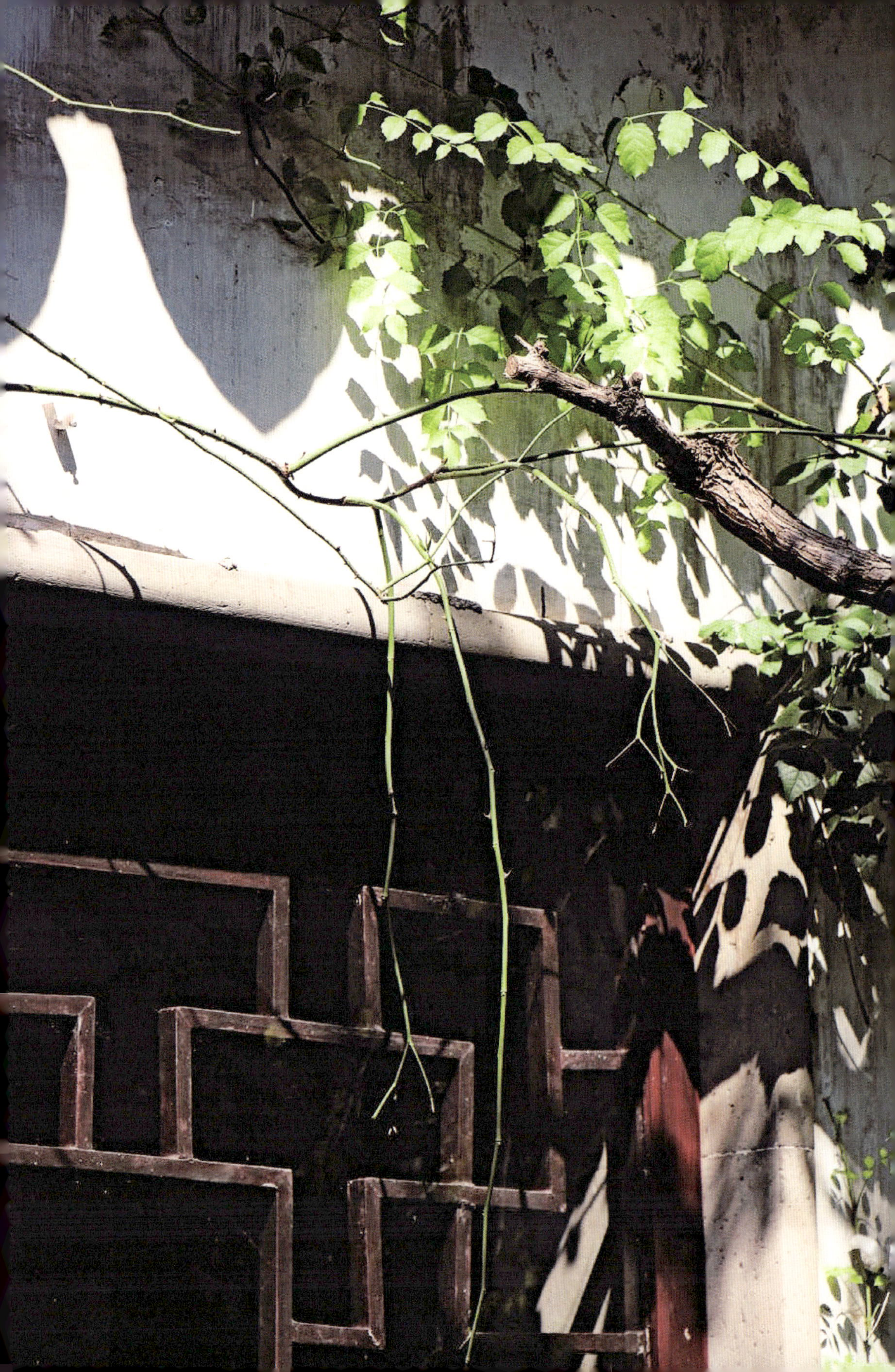

一根藤
Yigenteng

一件作品

2015年，第七届中国（浙江）非物质文化遗产博览会上，在四百多位非物质文化传承人、工艺美术大师的1500多件参展作品中，一副"一根藤"福禄寿屏风一举获得金奖。

屏风中的每一段木条用榫卯连接在一起，首尾相连，弯曲迂回，每一处既是终点又是起点，仿佛一根藤绵延缠绕。

"一根藤"福禄寿屏风

屏风中间的小寿龟和四只小鹿栩栩如生，代表"寿"和"禄"，四角的蝙蝠是"福"的谐音，并且这几个动物图案也是由一条线走下来蜿蜒盘曲组合而成的，所有这些元素构成了这样一副精美的福禄寿的屏风。

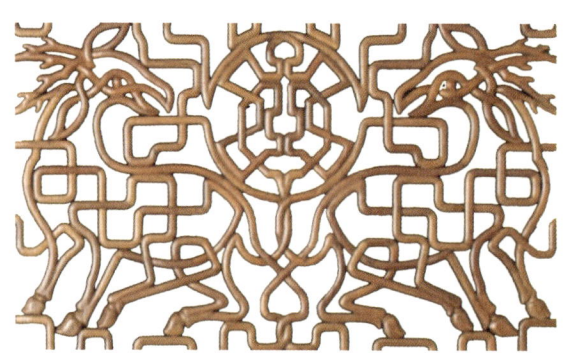

小寿龟和四只小鹿

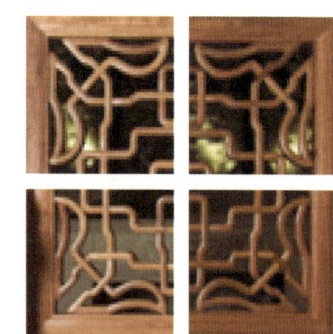

四角的蝙蝠

这副作品来自浙江省天台县和合文化园一根藤艺术馆,这种技艺也是天台独有,俗称天台条,又叫软藤挎条,因其有着回环穿插首尾相连的藤状图案,又被称为"一根藤"。

"一根藤"的由来

"一根藤"是天台民间一项独有的传统木作技艺,始于明末清初,素有"东阳雕、天台条"之美誉,清末民初尤为兴盛,发展成为江南影响较大的传统木工制作技艺。

颇有历史感的"一根藤"门窗

现代技术的兴起,使这门传统工艺逐渐被冷落,由于一批热心这项技艺的工匠的坚守才不致失传。经过众人的努力,一根藤制作技艺于2017年被列入《第五批浙江省非物质文化遗产代表性项目名录》。

"一根藤"的技艺是木工的仿生做法,它的原型就是生长在山野间的藤蔓。在中国的传统文化里,藤蔓盘曲缠绕,寓意着子孙繁衍,无穷无尽。

山野间的藤蔓盘曲缠绕

"一根藤"技艺制作精细复杂，其核心技艺是榫卯，直硬的木条通过榫卯的连接，形成柔曲的藤蔓图案，刚柔并济，阴阳结合，纹路之间渗透着和合文化，其首尾相连成藤状且图案多以和合圆融的吉祥图案呈现，人们又称之为"和合藤"。

直硬的木条通过榫卯连接，形成柔曲的藤蔓图案

在民间，人们始终相信，门窗上的回环缠绕的"一根藤"是有生命的，它象征着"枝繁叶茂，家和人旺"。当光线透过木花窗照射进来，投影到屋内，窗影会显得特别灵动，带给人们吉祥美好的感觉。

光线透过木花窗照到屋内

❖ "一根藤"运用

随着技艺的发展，"一根藤"也用在了祠堂庙宇的堂门、佛龛中，除了门窗，屏风、壁挂、床等也有应用。

"一根藤"双福禄挂屏

充满"一根藤"元素的雅致居室

天台人说"世上有千工床，没有千工房"，天台七帐床制作精细复杂，是眠床中最有档次的。现存于县博物馆的髹金一根藤七帐床，是民国时期家具，床的枕窗是一根藤如意纹条子，上方水口是"人物故事"雕刻，床栏有"喜鹊登枝"雕刻，工艺非常精湛。

髹金"一根藤"七帐床

  床是人们憩息的场所，而且又与生命繁衍息息相关。婚床上的一根藤图案，更是表达了人们美好的祝福，体现了人们夫妻和合、幸福美好的生活愿望。

一位有缘人

◆ 发起人

◉ 建馆

2017年10月22日,一场天台传统"满堂红"的婚礼正在和合堂隆重举办。

和合堂婚庆馆

新郎是天台和合人间文化园"掌门人"沈中明的二儿子。

天台传统"满堂红"的婚礼

一根藤　　007

举办传统婚礼，沈中明意在弘扬传统文化，唤起人们对传统婚俗的传承和发展。

多年来，沈中明一直不遗余力地进行天台传统文化的保护和发展工作。

土生土长的天台人沈中明与和合文化结下了不解之缘

经过数年努力，他花费巨资将位于天台国清景区的老厂区工业厂房改建为文化实体，依托深厚的天台山文化，致力于和合文化挖掘、传承、保护、弘扬，回馈社会，从2013年开始筹建了"天台山和合人间博物馆"。

天台山和合人间博物馆一角

天台山一根藤艺术馆

经过沈中明多方收购,馆中现已收藏了500多件"一根藤"艺术精品。

收集

收集文物,注定过程艰辛。

齐召南故居中堂一根藤木门的制作工艺精湛,著名收藏家马未都先生都对其情有独钟,被宁波的一名资深古玩爱好者收购收藏。沈中明多次赶往宁波,只为说服这位古玩爱好者,表明此门本来就是天台的物品,回归天台将会更有意义。

齐召南故居中堂"一根藤"木门

　　在他的不懈努力下，宁波这位古玩爱好者深受感动，最终同意转让，这套作品终于回归天台，进了"天台山和合人间博物馆"。

　　他不断搜集民间的"一根藤"精品，组织工匠传承"一根藤"木花窗技艺，并在总结传统"一根藤"技艺的基础上，制作体现当代审美观的"一根藤"作品，初见成效。

　　为更好地保护和传承"一根藤"这项非遗，沈中明已在传统技艺的基础上，设计开发了一系列符合现代时尚的"一根藤"产品，并聘请老工匠进行纯手工生产，创作了"一根藤"福禄寿多用屏风、"一根藤"和合图插屏等作品。

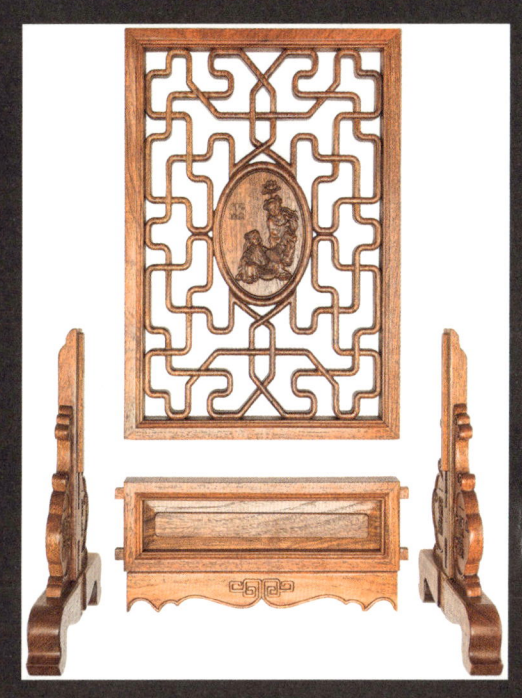

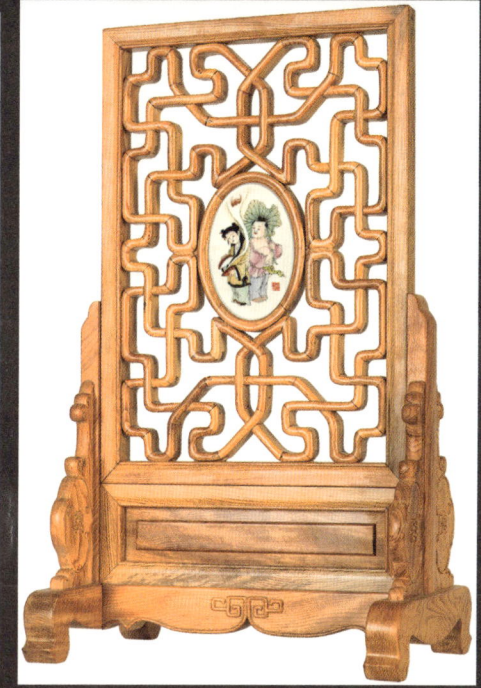

"一根藤"和合图插屏

◉ 婚俗

从2016年开始，沈中明着手兴建最具天台山婚俗特色的和合堂、"满堂红"婚俗展等场馆，并率先为自己的儿子在这里举办了婚礼。

天台中式婚礼一景

天台民间将和合文化人物"寒山"与"拾得"奉为婚神、喜神，悬挂在大堂的中间，天台的中式婚礼是和合文化的精粹之一。

在天台再现中式婚礼，是对传统文化的继承发展和对中国和合文化的弘扬传播。

一根藤 011

手艺人

传承

在天台山，民间能工巧匠把大自然中势如盘龙、刚劲古朴的藤蔓，活灵活现地再现在木制的门窗家具上，这就是"一根藤"。

如今，"一根藤"这门蔓延于门窗间的传统木作技艺，在天台一带祠堂庙宇的堂门、木扇窗、佛龛、屏风、前檐、龛橱、衣柜、案桌等物件上，都能看到其存在。

| 雨露桌屏 | 和合桌屏 | 睡露桌屏 |

不过，20世纪80年代，由于人们对家具、民居样式追求观念，以及审美意识的变化，"一根藤"基本上就没人做了。只有仿古建筑、祠堂庙宇建筑还在使用"一根藤"。而会做"一根藤"的手艺人，也只剩下寥寥数位，褚定江就是这坚守下来的一员。

浙江省非物质文化遗产"一根藤"传承人褚定江

传承人

褚定江16岁师从民间"一根藤"工艺大师汤智欧学习"一根藤"制作技艺。在师傅的精心指导下，经过多年的刻苦钻研，深得这门技艺的精髓和师傅真传，在天台山地区声誉卓著。

后来由于市场萧条，褚定江不得不舍下这门手艺，选择去深圳一家外资家具公司就业，就在他依依不舍之际，沈中明出现了。

2013年，褚定江和师傅汤智欧受沈中明、沈盛钢父子的邀请，放弃原先收入丰厚的工作，一起欣然走进了天台和合人间文化园，加入"一根藤工坊"，承担起"一根藤工坊"创建的重任。

刻苦钻研"一根藤"技艺的褚定江

"一根藤"工艺大师汤智欧

汤智欧家族一直制作"一根藤",传到他这一代已是第三代了,汤智欧兄弟四人,除小弟做油漆外,其余兄弟三人皆为"一根藤"的制作好手。

汤智欧醉心于"一根藤"的制作技艺,因为会木雕手艺,朋友叫他到广州去雕五百罗汉,待遇好,他都没有去。

目前他和徒弟褚定江都是"一根藤工坊"的首席设计师、制作人,是浙江省非物质文化遗产"一根藤"制作技艺的代表性传承人。年过花甲的诸定江是"一根藤"第四代传人。他们希望能够重新振兴这一传统工艺。目前,文化园中有两位35岁上下的学艺人在学习"一根藤"技艺。

在工坊里,师傅向几位年轻人传授"一根藤"技艺

作品

褚定江技艺精湛，经过半个世纪的打磨，打造出了一件件让人惊艳的"一根藤"作品。他创作了很多高难作品，代表作品有"双狮戏球屏风""福禄寿屏风""五福临门挂屏""葫芦宝瓶挂屏""年年有余挂屏""鸳鸯戏水挂屏"等。

葫芦宝瓶挂屏

五福临门挂屏

2015年，在第七届中国（浙江）非物质文化遗产博览会上，福禄寿屏风在1500多件参赛工艺品中胜出，一举获得金奖。

福禄寿屏风获第七届中国（浙江）非物质文化遗产博览会金奖

双狮戏球屏风荣获2016年第11届中国（义乌）文化产品交易会工艺美术银奖。

双狮戏球屏风获第11届中国（义乌）文化产品交易会工艺美术银奖

一门手艺

褚定江是天台县和合人间文化园木作工场的负责人，浙江省非物质文化遗产"一根藤"制作技艺代表性传承人，在他的手上已经打造了多个"一根藤"作品，尤其2015年制作的福禄寿屏风更是精美绝伦，荣获当年非物质文化遗产博览会的金奖，在业界也产生了巨大的影响。

这副屏风结合传统韵味和现代审美，倾注了褚师傅大量的心血和汗水。

褚定江与工匠一起在木作工场使用锯子剖料

❂ 图案设计

首先将设计好的图案画在与屏风大小相等的卡纸上，将蝙蝠、鹿、小寿龟等图案的纹路首尾相连，上一图案的出点必须连接下一图案的入点，最终实现全部图案一笔勾成。

不同于其他的木雕技艺，"一根藤"技法，顾名思义，讲究的是自然弯曲、线条流畅、精密无缝，是一种非常复杂的制作工艺。

在浙江木雕界，自古就有"东阳雕、天台条"之称，东阳木雕贵在雕工，天台"一根藤"技法贵在极致的榫卯衔接技艺。

"一根藤"图案设计

"一根藤"拼接过程

能够制作"一根藤"作品的匠人们，都是木雕基本功非常精湛的手艺人。并且他们懂得建筑学和美学原理，可以根据房间采光来控制窗格的大小，按照房主的意愿做成不同纹路，达到不同的艺术效果和实用效果。

从暗处可以看到明处，也就是从室内可以看到室外，而从外面却看不到里面，这是花窗、屏风等制作技艺的基本效果。

原料准备

"一根藤"的选料也很考究，"一根藤"主要精选柏木、马胡木、红豆杉等名木，这些木料极其耐腐，且其外形稳定，不易变形，同类木材还必须选有较强韧性、质地结实的，并且这些木材必须干燥，不能有蛀虫或裂纹。

选择好原料，接下来是剖料、打眼、锯榫头等几十道工序。锯榫头是对手艺人技艺的真正考验，将榫头的位置锯开，锯的深度不能有上下之差，锯的角度不能有左右偏差，每一个榫头和卯孔，无论是接口还是角度，都需要很高的精度，一旦误差过大，榫卯将无法完美连接。

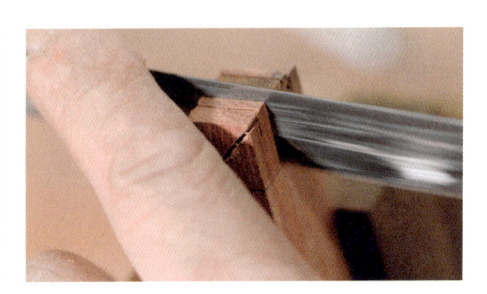

按照设计尺寸加工制作榫卯结构

❀ 榫卯连接

榫卯连接，是木条展现"软藤"的形状和每个图案相连的关键，它们的实现必须依靠各种形状的榫头衔接，一些特殊的回弯处甚至需要5~6个榫头，这样才能确保"一根藤"回弯与回弯处的"无缝衔接"，才能寓意"一根藤"千秋万代的文化内涵。

常用的榫卯结构有20余种，光是直角连接的，就有双面夹角榫、夹角暗爪、单面半直榫、方夹角等。很多特殊的连接处用的是曲面榫卯、钝角榫、锐角榫，甚至是钝角猪脚钳、燕尾榫、楔钉榫等。各种各样榫卯结构的巧妙运用，使得"一根藤"成为中国木作技艺中最有特点的技艺之一。

经过设计、选料、打磨、锯榫头、镶图等20多道工序，将木材加工成长短不一的木条，再运用榫卯的结构和变化呈现出寓意吉祥的图案，一副福禄寿的屏风终于完成了。

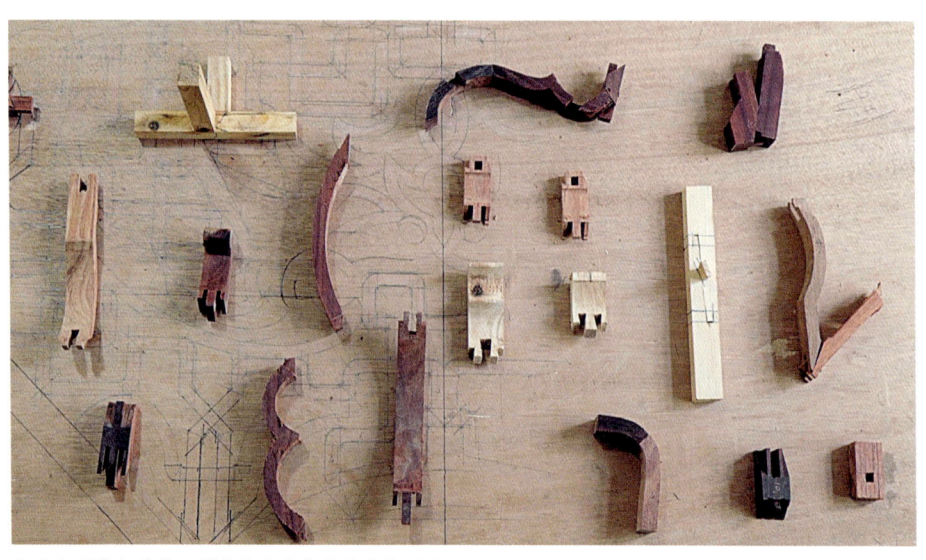

各种各样榫卯结构可拼接出多种柔曲的藤蔓图案

一方水土

　　天台山位于浙江台州天台县境内，因山顶对应天上"三台"星宿而得名。
　　这里有似休闲天堂的天湖景区、如人间仙境的琼台仙谷、多楼台亭阁的济公故居，以及风韵独特的龙穿峡。

赤城栖霞

天台山大瀑布

还有生于山岳峭壁或缠于古树上的各种藤，无拘无束，营造出自由空灵、变化丰富的线条美。

云锦杜鹃花团锦簇，屹立顶峰；石梁飞瀑喷涌，声震山林。

山水间萦绕着晨钟暮鼓，宝刹中流传着动人故事。

从石梁飞流直下的瀑布

◈ 佛宗国清寺

南朝梁末陈初，智𫖮大师潜习心法，入天台山苦心研读佛学，融汇北方的禅学和南方的义学，创立了天台宗。隋开皇十八年（公元598年），高僧智者大师创建天台寺，大业五年（公元605年）钦赐国清寺额。唐代时日本高僧最澄来

佛宗国清寺

天台山取经，回国后创立日本天台宗，尊国清寺为祖庭。

国清寺有个三贤殿，供的是丰干禅师和寒山、拾得两位僧人。拾得为丰干禅师在路边拾得的婴儿，在寺院长大，负责厨房一些杂活。寒山因屡试不第来天台山寒岩隐居，常来国清寺向拾得要饭吃，丰干和尚见他们关系要好，便让寒山进寺和拾得一起当国清寺的厨僧。

寒山和拾得在佛学、文学上的造诣都很深，他俩常一起吟诗作对，为后人留下诸多偈言和诗篇。

二僧那段流传千年的对话，仍然警策着世人："寒山问拾得：世间有人谤我、欺我、辱我、笑我、轻我、贱我、骗我，如何处治乎？拾得曰：只是忍他、让他、由他、避他、耐他、敬他、不要理他，再待几年你且看他。"

在天台，许多地方都能看到寒山与拾得这样一幅画像——一人手捧礼盒，一人肩扛荷花，二人面露喜色，憨态可掬，二位僧人已被后人奉为道家的"和合二仙"，天台山也已成为中华"和合文化"的发祥地。

寒山、拾得二位僧人被后人奉为道家的"和合二仙"

道源桐柏宫

三国时期，吴主孙权在天台桐柏山上修建了天台观，著名道人葛玄应邀传道讲经。之后葛玄半生归隐天台，潜心修行，宣扬道法，炼丹植茶，天台山道教愈渐丰盛。

北宋天台人张伯端被尊为"紫阳真人"，曾任台州府吏，做过高官府第的幕僚，60岁那年的一日忽然彻悟，看破功名，纵火烧毁案上文书，也由此被发配岭南。自此张伯端云游山水，寻求大道。晚年返回天台山桐柏宫，历时6年，在91岁时完成了著作《悟真篇》，孕育出天台山道教南宗文化，自此，天台山桐柏宫成为中国道教南宗的祖庭。

紫阳殿是桐柏宫的主殿，供奉着张伯端等南宗祖师。

供奉在灵官殿内"桐柏真人"王乔，同时也被供奉在国清寺的伽蓝殿内，民间奉他为"三王土地"，成为少有的道、释、儒三家供奉之神。

张伯端

儒生朝圣地

佛宗道源、山水神秀的天台也是历代儒生心驰神往之地，令诸多文人墨客流连忘返，赋诗礼赞。

东晋文学家孙绰在《天台山赋》中描绘道："天台山者，盖山岳之神秀者也。"

诗仙李白也曾高吟"龙楼凤阙不肯住，飞腾直欲天台去"的向往之情，并在天台山结庐居住，现留有太白读书堂的旧址。

李白

南宋大儒朱熹任浙东路常平茶盐公事期间，多次来天台汲取释、道营养，丰富理学内容，并访贤授徒传扬儒教。

明代大旅行家徐霞客三上天台山，写下二篇游记。

王羲之、谢灵运、孟浩然、朱熹、陆游、康有为、郭沫若等名士硕儒都在天台山留下了深深的足迹。

朱熹

徐霞客

2017年5月14日，在天台县孔庙广场，百名身着汉服的学子诵读《论语》，行成人礼，拉开了该县首届儒学文化节的序幕。不久之后，又有一群身着汉服的小学生，齐聚天台山和合人间博物馆，观摩"一根藤"艺术作品，传承非遗技艺，弘扬传统文化。

一群身着汉服的小学生在天台山和合人间博物馆观摩"一根藤"艺术作品

一段历史

早期雏形

在我国古代整个历史发展过程中，木作技艺一直伴随人们生活的各个领域，在汉代，木制门窗上加装木条呈小方格，俗称"方拷"。

在唐代佛教的发展过程中，"卍"字被广泛应用。宋元时期，木窗上的"卍"字纹作为基本线条，穿插连接，自成一体，还进行了如意纹等吉祥图案的设计制作，形成了早期的"一根藤"。

在历史演变发展中形成的"一根藤"

修三大殿

进入明朝，"一根藤"制作技艺臻于完美。

万历二十五年（公元1597年）六月皇宫皇极殿、中极殿和太极殿遭火灾，急需重新修建。由于工程浩大、繁难，连任几位官员先后因罪罢职。天启二年（公元1622年），吏部、工部共同推荐新任营缮司主事张文郁出任总监。

张文郁，字从周，号太素，天台茅园（今萩园）人，自幼家境贫寒，他出生之前父母已经有了几个孩子，家人经常连粥都吃不上。

有一年冬天父母在外面救了一位衣衫褴褛、双脚溃烂的老人。他们给老人送去铺盖并连续十几天给老人送吃的。一日，张文郁的母亲去给老人送饭，发现自己之前送的吃食全部堆在角落，老人已不知去向，并且前方一个叫"龙头架坎"的地方隐约放着一顶乌纱帽，忽隐忽现。

第二年，也就是明神宗万历六年（公元1578年），张文郁出生了。成年后的张文郁果然戴上了乌纱，成了朝廷命官。万历四十六年（公元1618年），40岁的张文郁中举，出任安徽太和县教谕，44岁又中进士，任工部营缮司主事，因重修三大殿有功升任工部左侍郎。

✿ 修旧居

崇祯元年（公元1628年），刚刚50岁的张文郁辞官回家，开始为自己重修旧居。度予亭、养真堂、三逸阁等都别具特色，门窗上首次出现一根藤状首尾相连、起承转合、形式精美的图案：这些图案既有遮掩和透风、透光的作用，又表现忠孝文化、兄弟互帮友爱等愿望。

张文郁画像

受天台山藤蔓的启发，张文郁和一些志趣相投的文人、工匠一起，创造出这种独特的木作仿生工艺。

它汇聚了千宫百计之精华，汲取天台山上古藤委婉不绝、生机盎然的形意。在原有直条直框的门窗基础上添加委角工艺，也就是加入了变幻曲折的线条。使得门窗线条从简单的横竖格子图案，变得柔和灵动，变化出无数图案：祥禽瑞兽、奇花异草、博古花瓶、福禄寿禧等，赋予了"一根藤"深刻寓意和文化内涵。

从张文郁故居开始，"一根藤"慢慢地被广泛运用在天台一带的门窗、家具中。

张文郁故居

❀ 传承"一根藤"

张文郁与其儿子张元声、孙子张亨梧都擅长诗文,"三逸阁"是他们的书房。清军入关后,祖孙三代都隐居乡野不出来做官,世称"张氏三逸"。

清顺治三年(公元1646年),清兵攻陷杭州,南明守军退至天台,乱兵沿途抢夺百姓粮食、财物,张文郁"毁家纾难",献出家中所有银两,从而使天台百姓生命财产免遭涂炭。

张文郁于顺治七年(公元1650年)退隐,之后一边写书,一边寄情建筑设计,将"一根藤"技艺发展至更加成熟,并被后人继承应用下来。

清代乾隆年间,天台名人齐召南指导工匠吸收前人"一根藤"技艺的同时,把各种吉祥图案和文化融合到"一根藤"当中,赋予它鲜明个性和生动活力,丰富了"一根藤"作品。

一袭传统

❁ 与木结缘

古人认为，大自然主要由五种元素构成，金、木、水、火、土，次序相生。万物皆由木起始，木代表春天，具有生发性，代表着生生不息。

中国古人的生活与木息息相关，他们钻木取火，伐木取材，运用高超的工艺将取自天然的"木"盖成房屋、制作成家具、雕刻成器物。吃、穿、住、用、行，每个生活细节无一不与"木"息息相关。可以说，中国人与"木"有着千年之缘。

而木作技艺中的"一根藤"更是包含了深层次的中国传统文化内容。

❁ "一根藤"作品

走进和合人间文化园"一根藤"艺术馆，各类"一根藤"艺术精品——壁挂、屏风、千工床等家具，以及木门窗等建筑构件，琳琅满目，令人惊叹。

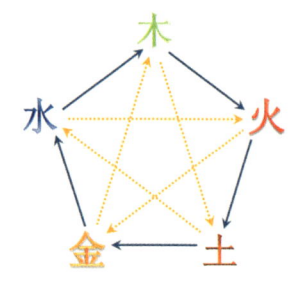

五行图

"一根藤"标志

一副"双蝶和合插屏"深深吸引了人们的目光,屏面采用"卍"字纹穿插交叉成形,蕴含绵长不断和万福万寿之意。其中镶嵌的"和合二仙",寓意爱情美满、家庭和合、子孙后代幸福延绵。

"卍"字为佛教用字,被运用到天台佛教仪式和庙宇的装饰上。唐代武则天将"卍"字定名为"万",意思是"吉祥万德之所集",从此不再为佛教专用,人们将"卍"字符运用到了木花窗、大床上,表达了人们对吉祥美好生活的向往和祈愿。

图案上的"和合二仙"更是符合了中国传统的和合文化,体现了人与自然和合、人与社会和合、身与心和合的普世价值观。

为此,"一根藤"被誉为和合文化的物化图腾,乃至成为天台山和合文化的象征。

⊕ "和合"理念

儒释道三教文化的融合,诞生了"三教共荣、万善同归"的和合文化。

"一根藤"的和合理念注定了它会生产与现代社会相符合的产品,"一根藤工坊"在传统一根藤基础上,设计开发了符合现代时尚的一根藤艺术品,聘请老工匠进行纯手工生产。并且筹划了一些由"一根藤"艺术元素衍生的手机挂件、家居装饰等精美艺术品。

近两年,和合文化园又致力于构建以"和合堂""茶之路体验馆""一根藤艺术馆"等组成的文化产业园区。整个项目共三区块,分别为"和合文化"展示游览区、"和合文化"体验区和"和合文化"配套区。

天台一根藤的和合文化是中华民族和合文化的来源,同时也正在顺应时代需要不断发展前进。

随着现代科技的发展，木制建筑越来越少，以"一根藤"为代表的越来越多的木作技艺，正在努力打造适合现代生活的产品，创作符合时代需要的艺术品。

和合堂

十里红妆
Shili Hongzhuang

一件作品

◈ "十里红妆"出处

"待我长发及腰,少年娶我可好?待你青丝绾正,铺十里红妆可愿?"

这首20世纪末就流行于网络的诗歌,可以说是脍炙人口。但是很多人并不知道它的出处,也不真正理解"十里红妆"的意义。

原创作者是宁海十里红妆博物馆馆长何晓道,"十里红妆"是指旧时宁海地区大户人家嫁女的壮观场面。

宁海地区传统婚礼盛大场面

十里红妆博物馆内的藏品，是何晓道从二十多年来收藏的上万件精品中选出来的，展品紧扣"十里红妆"这个主题，边展边充实，从而形成陈列规模。

博物馆采用场景布展和藏品归类布展相结合的形式，有嫁妆场景，有木桶房、绣房、闺房、书房、婚房、妾房和百床风情等展厅。

装满嫁妆的扛箱

嫁妆场景

木桶房展厅

红色酒坛在嫁妆中不可或缺

闺房展厅

十里红妆博物馆

走进博物馆,就像走进一座传统婚嫁文化的宝库,明清时期富家小姐的生活空间完全展示在观众面前,这里有金碧辉煌的"千工床"和"万工轿"。

"千工床"又称拔步床、踏步床,其床前部称为"拔步",是床沿前的小平台,拔步前有挂面,设雕花柱架、挂落、倚栏、飘檐花罩,上有卷篷顶,右边安放二斗二门小橱,左边安放马桶箱,后半部为卧床。床的三面围着可拆装的雕刻板或彩绘屏风,初看,像是一个缩小的戏台。

床体现了古代"一生做人,半世在床"的传统理念。花轿则是明媒正娶的象征,民间有"八抬大轿抬过来,十里红妆嫁过来"之说。

眼前的花轿,朱漆为底,采用透雕、浮雕、贴金、涂银等工艺,一身喜气,呈现雕龙刻凤的造型。

闺房内陈列着各种生活用品、用具,如精美的梳妆箱、绣花架、针线篓、针线桶,以及各式精美的提桶和提篮。

还有用朱砂和金饰打扮得十分精致的缠脚架,这是一个在旧时令无数少女痛苦的缠脚用具。

各式精美的提桶和提篮

◈ **更多馆藏**

　　展馆中的木桶是"十里红妆"最有特色的物品，有米桶、水桶、茶壶桶、果桶、梳头桶、首饰桶、讨奶桶、洗脚桶、马桶、子孙桶等，造型千姿百态，雕刻精美，线条变化丰富、富有柔美的韵律感。

　　"百床风情"展厅展出的床有小姐床、春宫床、婚床、竹凉床、罗汉床、架子床等46张，各有特色，各具风情。

　　展馆内床、桌、器具、箱、笼、被褥一应俱全，日常所需无所不包。

　　由此仿佛看见旧时江南富户嫁女时的风光，一担担、一杠杠朱漆髹金，流光溢彩。蜿蜒数里的红妆队伍浩浩荡荡，从女家一直延伸到夫家，仿佛是一条披着红袍的金龙，洋溢着吉祥喜庆，炫耀着家产的富足，故称"十里红妆"。

明清时期富家小姐的卧床

一位有缘人

❁ 文化梦

何晓道，又名何小道，浙江宁海人。2012年12月，初中毕业的他被评为"中华文化人物"。

"中华文化人物"是中国首个专门针对全球华人文化领域年度人物进行表彰的活动，这是对何晓道一生努力的最好诠释和认同。

"中华文化人物"——何晓道

何晓道只有初中学历，却在用一生书写着一个属于自己的文化梦——"十里红妆"女儿梦。

1977年，初中毕业的何晓道开始务农，但是他的生命属于文化，他总是随身带着一本《唐诗宋词》，一有空就会拿出来，品读那悠远的文化，体味那古老的意境。或许是受古诗词的熏陶，何晓道爱上了古旧家具。

❁ 博物馆

从1985年开始从事古旧家具的收集整理，他有意识地收藏有地域特色的乡土文物，收集整理民间手工艺品，以此还原再现曾经有过的乡土文明遗存。

凭借敏锐的眼光、强烈的爱好和深沉的文化责任感，何晓道历经30余年不懈的努力，收集藏品已达数万件，这其中就包括以红妆系列命名的汉族婚俗文物及闺阁文物。

宁海江南民间艺术馆

  2002年，何晓道个人创办了宁海江南民间艺术馆；2003年，与相关部门合作创办了宁海十里红妆博物馆，填补了我国民俗婚俗文化专题博物馆的空白，在博物馆界、民俗文化研究及民间美术领域引起很大的反响。

  2008年，"十里红妆"入选第二批国家非物质文化遗产目录，何晓道为代表性传承人。

宁海十里红妆博物馆

❂ 著书立作

何晓道不仅从事民间文物的器具收集、整理和展览，同时依托自己海量的收藏品，进行民间文物的工艺美学研究以及民俗研究。仅有初中学历的他，从2001年至今已有多部著作出版。

《十里红妆·女儿梦》便是其中一部。全书共十三章："女婴""缠足""闺房""女红""婚嫁""花轿""礼俗""婚房""妻妾""为人媳""屏画和生殖""贞节""美红妆"，通过子孙桶、缠足架、绣花桌、麻丝桶、花轿、百宝箱等旧时代女性日常生活里必不可少的大量器物，诠释了旧时代女性凄美的一生，勾画了旧中国浙东一带的女子从生到死的生命历程。

《十里红妆·女儿梦》被改编成现代舞剧并获全国第十一届精神文明建设"五个一工程奖"的特等奖。"十里红妆"打击乐也跻身上海大世界吉尼斯纪录。

何晓道与莫言、郑小瑛同时被评为"2012中华文化人物"，通过数十年的努力，实现了自己的文化梦，正如他诗中所写"时待我发齐腰长，平生夙愿镜中赏"。

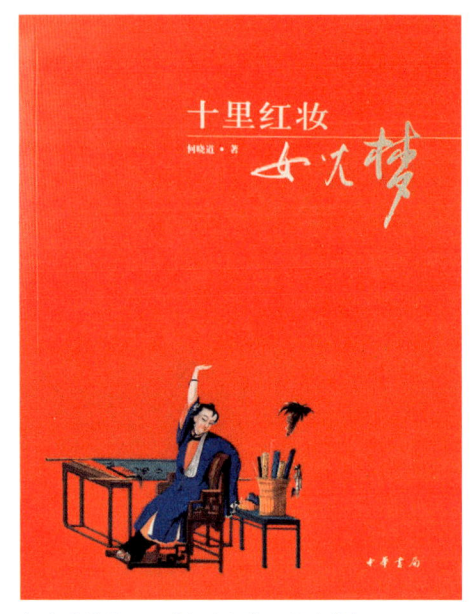

何晓道著作——《十里红妆：女儿梦》

一门手艺

我国江浙地方历来富庶，从当地的民俗文化中也可见一斑，浙东一带嫁女的"十里红妆"便是当地体现富足的方式之一。

"十里红妆"博物馆中的婚嫁器物，通过木作、雕作、漆作、桶作、竹作、铜作、锡作、描金和堆塑等民间工艺制成，并辅以天然矿物朱砂和黄金装饰，由此形成了鲜明的地方特色和艺术风格，并集中体现了江南手工制作工艺精华。

经朱砂涂漆和黄金装饰过的婚嫁器物

万工轿

从前浙东一带姑娘出嫁，坐花轿，戴凤冠，穿霞帔，颇有皇家贵戚宫廷女子的风范。

花轿选材要求坚实又轻便，一般选用名贵的香樟、银杏木制作，外观用黄金和朱砂装饰。

轿身上还有各种各样的浮雕或镂空的精美图案，需要木工、漆工、雕工、铜工、画工等数十道工序。

制作一个顶级花轿，往往要花费成千甚至上万个工时，所以被称为"万工轿"。

万工轿

一顶"万工轿",通体用金箔装饰,上面雕刻的各种人物达400多个。如果由一个工人制作,至少需要花费30年的时间才能完工。

花轿完全采用榫卯结构连接,由几百片可拆卸的花板组成,不用一枚钉子,迎亲时有专门的拆轿师傅跟随在迎亲的队伍里负责拆卸,方便新娘子出入。花轿木质雕花,朱漆铺底,饰以金箔贴花,远远望去,金碧辉煌,犹如一座微型的宫殿。

千工床

大红轿送进门,拜堂后新娘子就被送进洞房,坐在婚床上等待新郎。

"十里红妆"的床被称为"千工床",工序非常复杂,花费工时颇多。其床前部称为"拔步",是床沿前的小平台,拔步前有挂面,设雕花柱架、挂落、倚栏、飘檐花罩,上有卷篷顶,右边安放二斗二门小橱,左边安放马桶箱,后半部为卧床。

床的三面围着可拆装的雕刻板或彩绘屏风,初看,像是一个缩小的戏台,体现了古代"一生做人,半世在床"的传统理念。

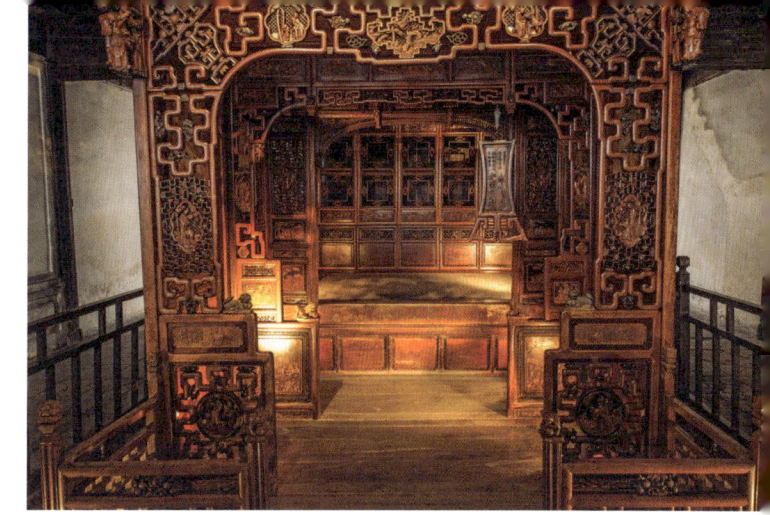

千工床

⊕ 子孙桶

大红花轿抬进门，与新郎洞房之后，这个嫁为人妇的女人就要承担为夫家传宗接代的责任，所以"十里红妆"里也必然包含着子孙桶。

在宁绍地区，马桶又叫子孙桶，子孙桶呈正圆或鸭蛋形，同样用朱砂颜料涂成，色泽鲜红。桶分上下两层，上层专为产妇生育时接盛婴儿，下层预备热水，为新生的小宝宝清洗。

朱红家具是内房生活的直接体现，是浙东传统女性生活的真实写照，展现了富有激情的儿女情怀、女性特有的审美情趣和古越风格的工匠技艺。

子孙桶

一方水土

⊙ 宁海西门

《徐霞客游记》开篇写道:"癸丑之三月晦,自宁海出西门,云散日朗,人意山光,俱有喜态……"游记开始的地方,就是今天位于浙东海岸中部,象山港和三门湾之间的宁波市宁海县。

《徐霞客游记》为何要以宁海为开篇?宁海人认为,这是徐霞客对中国地理和文化历史长期深入研究后做出的选择。

宁海城关原有古城墙护卫,东南西北各有门,西门为"登台门"。西门口原有西门路廊,是专供过往行人歇脚解乏的地方,只可惜20世纪旧城改造时被拆毁。

宁海城关

西门现存的人文景观有柔石故居、徐霞客开游始发处、清泉山、罗公溪等。

介于罗公溪和清泉山之间的那条古道，依山临溪，风景秀丽，空气清新，环境优美，非常适合步行游览。

明代大儒方孝孺曾赞誉这里："宁邑游者必至，至必乐之而归。"

方孝孺，明太祖洪武年间台州府宁海县（今浙江省宁波市宁海县）人，明惠帝时任翰林侍讲及翰林学士。

方孝孺曾被朱元璋授予汉中教授之职，朱元璋十一子蜀献王朱椿请赐其书舍名为"正学"，世人称方为"正学先生"。

太子朱标暴病身亡，朱元璋立孙子朱允炆为皇太孙。明惠帝朱允炆继位后重用方孝孺，凡事都与之商量。

几年后朱元璋四子、朱允炆的叔叔朱棣发动"靖难之役"，夺取政权。朱棣一心笼络方孝孺，让其为自己写即位诏书，方誓死不从，被诛十族。

在宁海县大佳何镇有一个已经消失的村落——溪上方，方孝孺的故居乃至整个村落都不复存在，只有一座石碑孤零零地立在那里。

这是大佳何镇领导和有识之士于2001年6月，值方孝孺殉难600周年之际所修建的。看来正学之风犹存，忠义之魂仍在。

方孝孺

宁海风景

地处宁海县西南的前童镇，始建于南宋绍定六年（公元1233年），是一个历史悠久、文化积淀深厚、地理环境独特的江南古镇，这里家家有雕梁，户户有活水。

电影《理发师》中那些粉墙黛瓦、小桥流水的美丽景致，大多是在这里取的景。

宁海县城外西北20千米的卧龙谷，位于国家级森林公园境内，四周被天台山和四明山环抱，风景绝佳，如同世外桃源。

明崇祯五年（公元1632年），时隔19年，徐霞客再度来到宁海，开始他的二次游记历程，"壬申三月十四日，自宁海发骑……"

在宁海县境内，徐霞客出游时走过的古道至今保存完好。

为了纪念这位大旅行家和地理学家，这里修建了第一条国家标准的登山健身步道，以便人们一边锻炼身体一边欣赏沿途风光。

前童古镇

一段历史

❁ 成亲礼仪

中国自古就有"人生四喜"之说：久旱逢甘露、他乡遇故知、洞房花烛夜、金榜题名时。

看来结婚是被人们所期盼的，也是始终当作"终身大事"来对待的。

秦汉时期社会稳定发展，婚礼也逐渐摆脱先秦时期低调简朴的旧俗。西汉宣帝诏曰："婚姻之礼，人伦之大者也，酒食之会，所以行礼乐也……"意思就是，让人们婚嫁时得吃酒宴、行礼乐。后来，婚礼规格不断提升，至唐代，连民间的婚礼也变得非常奢侈。

中国传统拜堂成亲礼仪

汉服以上下相连的大袖袍服为主，领、袖、襟、裾等部位缀以缘边，东汉时，此袍服已经成为新娘出嫁时必备的礼服。并且以用料和颜色区分地位尊卑高低，地位越高颜色越多，衣料也越贵重。

东汉有新娘障面习俗，以纱罗之类遮盖面部，两晋时兴起"却扇遮面"。

"却扇"就是新娘用纱扇遮面，夫妻行交拜礼后，就把扇子拿下，所以后来"却扇"就是完婚的意思。

而影视剧中经常出现的成亲时新娘用的大红盖头却是南宋以后才出现的。

戴着红盖头的美丽新娘

"十里红妆"场面

说起南宋时的成亲礼不得不提到宁海及浙东一带的"十里红妆"，就是新娘出嫁时娘家陪送的嫁妆。

宁海人对婚礼颇为讲究，办起婚事来相当隆重。主人家张灯结彩，大摆筵席，亲朋好友提着厚礼前往道贺，其场面热闹异常。

浩浩荡荡的"十里红妆"迎亲队伍

  一些富户为女儿置办红嫁妆可以说是不惜财力，从女方家到男方家的嫁妆队伍，浩浩荡荡延绵数里，民间叫"十里红妆"。

  红妆是用贵如黄金的朱砂漆底，用黄金、水银和各种天然石等装饰，集雕刻、堆塑、绘画、书法等一体的各类生活用品。

  新娘子坐花轿，穿戴凤冠霞帔，显露出美丽典雅的风范，也传递着幸福甜蜜的情怀。

花轿上的美丽新娘

明清以来，富庶人家日显阔气，好讲排场，尤重嫁奁。为了炫耀娘家的财力，也希望女儿在夫家巩固其地位，因此从女儿还小就开始不惜重金打造朱红的嫁妆，待成亲时以绵延十里的红妆陪嫁。

新郎的家族为了显示其家境与女方相匹配，聘金不会少，也丝毫不怠慢，八抬花轿迎娶。

精美华丽的花轿，昂贵的朱砂或黄金装饰的家具，展现了明清江南富饶而优越的经济条件，是古越千百年来灿烂文明的延续。

时至今日，江浙一带乃至全国，仍有很多新郎、新娘按传统方式举办婚礼。门楣上的红双喜，床前的红蜡烛，红色家具，新娘的红盖头，一切充满喜庆、吉祥。

迎娶新娘的八抬花轿

红色家具

一袭传统

❀ 红妆馆藏

在宁海徐霞客大道上,一边是现代化的景观大道,一边是古色古香的民俗风情,历史与现实在这里交汇,十里红妆博物馆在这里悄然而立。

十里红妆博物馆是浙江省规模最大的民间民俗博物馆,展示的是古代闺阁中的女子嫁妆及日常生活用品。

走进博物馆,琳琅满目的馆藏展品,令人眼花缭乱,仿佛又回到那古老的

十里红妆博物馆内景

明清时代，仿佛又看见了那耀眼夺目的十里红妆送行队伍。

　　大到家具床铺、铜盆器皿，小至针头线脑、漆碗杯盘，贵到金银首饰、珠宝玉玩，雅至文房四宝、琴棋书画，甚至烛台灯火、梳洗用具等，凡新娘嫁到夫家的生活用品、一辈子所需一应俱全。

❀ 花轿渊源

　　在众多的"十里红妆"馆藏品中，最显眼的莫过于大花轿，新娘子蒙着大红盖头，坐在花轿中，这样的镜头在很多影视剧中都出现过。

　　其实最早新娘出嫁一般是乘坐马车的，唐初出现了几个抬着的"步辇"，唐朝中期轿子逐渐形成了规模，有了亭阁的样式，有了华丽的装饰。太平公主出嫁时所乘的应该就是这种"步辇"。

大花轿

到了宋代，轿子才发展成接近现在所看到的样子，有顶篷有帷幔，这样才符合当时大户小姐不抛头露面的习俗。

博物馆中这个雕龙刻凤，仿若娘娘的銮驾一般的花轿，据说还另有一番来历。

北宋"靖康之难"后，康王赵构逃避金兵追袭，在浙东某处遇难，幸得一位村姑救援。

后康王逃到应天府建立了南宋，成了皇帝，为报答这位姑娘的救命之恩，派人寻访不着，特下了"浙东妇女尽封后"的谕旨，允许浙东一带女子今后出嫁，可坐花轿，戴凤冠霞帔，以示皇恩。至于此传说的真伪，已无从考证。

唐代阎立本步辇图

现代嫁妆

整个博物馆仿佛是一座传统婚嫁文化的宝库，满目辉煌令人不禁怦然心动！"恨不明清为嫁娘"，恍惚间似乎穿越时空，坐在雕龙画凤的花轿之中，长长的嫁妆队伍尾随轿后，蜿蜒数里，好不威风，好不热闹。

内心正在体味那份荣耀与愉悦之时，突然目光触及一个用朱砂和金饰打造的缠脚架。这个看上去十分精致的缠脚用具，却像一个沾染无数少女血泪的刑具摆在那里，令人触目惊心，一个激灵仿佛穿越回来，一下子清醒了很多，暗自庆幸生逢当今这个时代。

时代在发展，今天的一袭婚纱、几辆轿车代替了凤冠霞帔的大花轿，一线城市的房产作为彩礼、嫁妆不知可抵得上"十里红妆"？在人类历史的长河中，这些婚俗文化都可以作为一个时代发展的考证。

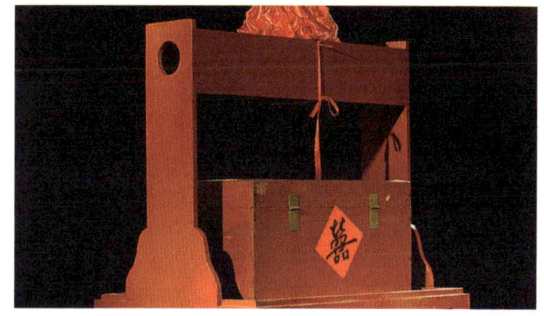

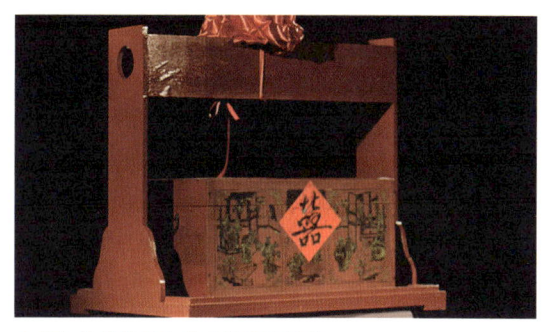

十里红妆博物馆内琳琅满目的嫁妆

古老的巷子里,已看不到浩浩荡荡的红妆队伍,
一顶花轿装着的"女儿梦",也只是老人们的回忆……

沙窝木碗
Shawo Muwan

一件作品

◈ 世界木材日

2017年3月21日至26日，由国际木文化学会主办的世界木材日在美国洛杉矶的长滩会议娱乐中心举办，为时六天，来自全球一百多个国家和地区的参与者会聚一堂。

来自中国河北农村的李学民作为沙窝木碗的传承人也来到这里，他带来了两个古老的车床——大旋床和小旋床。

大旋床用于旋木碗、笔筒、陀螺等器具，小旋床用来制作暖瓶塞、擀面杖等小木器。

两个旋床的构造看上去很简单，主要由枣木和榆木制成，枣木和榆木具有密度大、性能稳定、坚固耐用等特点。

车床下部的两个脚蹬踏棍产生动力，皮带带动主轴旋转，使得卡头上的木料旋转，在刀具作用下旋成所需的器具。

民以食为天，乡愁也可以聚焦在一只沙窝木碗上

李学民和大旋床

◈ 现场展演

李学民现场为来自各国的朋友们进行了精彩的传统木旋技艺演示。他登上1.4米高的大旋床，双脚踩动踏棍，双手互相配合，握住刀柄以控制刀具的角度和力度，层层的木屑脱离木桩，纷纷飘落在地，一会儿一个木碗就打造成了。

用最原始的动力旋切生活中最基本的食物盛器，一切都显得那么自然，它以最朴素、最直接的方式给人们带来了源自内心的惊奇与喜悦。

各种肤色的人们纷纷过来尝试，不论老人和孩子都想到车床上试试身手。

李学民展示传统木旋技艺

旋制木碗的原材料

沙窝木碗

旋制木碗的原材料以柳木、杨木、槐木、枣木的侧根为主，最好的原料是柳木，因为柳树根具有易加工、不易开裂、无异味等优点。同时，柳树根还可以入药，有祛风利湿、消炎明目等作用。

用这种碗盛食，可以保持食物原味，有利于身体健康。另外，木碗不烫手、不怕摔，最合适小朋友使用。

用木旋技术做出来的木碗比其他制法更为省料，这也是沙窝木旋的一大特点。

沙窝木碗简史

沙窝木碗在河北邯郸肥乡县元固乡沙窝村已存续了五百年之久，曾经，这里的人们世代以此为生。

沙窝村人凭借悠久的历史和精湛的技艺，生产出的沙窝木碗曾盛极一时，河北、河南、四川、山东、山西等省都有沙窝木碗的代理客商，这些客商把民俗和木碗推到全国各地。

"沙窝木碗"被列入《河北省非物质文化遗产保护名录》

随着现代科技的发展，各种现代工艺品、器具越来越丰富，传统手工艺品慢慢变得无人问津，沙窝木碗也渐渐成为沙窝人堆积在角落里的废品，远离了市场。

李学民凭着对家乡传统木艺的热爱和一份深情，多年来一边打工，一边为恢复这项传统技艺而不懈努力。

如今，李学民和几位沙窝人的努力没有白费，"沙窝木碗"被列入《河北省非物质文化遗产保护名录》，随后又走出了国门，借助一年一度的"世界木材日"活动，为世界各国知晓，令世界瞩目。

一位有缘人

❀ 名人民工

快手视频网站里有一个名为"旋木碗"的账号，粉丝1.4万，这是李学民的快手号。

李学民，非物质文化遗产"沙窝木旋"第十一代代表性传承人。平日他靠外出打工为生，农忙回家收割时，还要抽空学习、研究木旋技艺，并积极传播木旋这项古老技艺，已被邀请至美国、老挝、柬埔寨、缅甸等国参加展演，引发了关注与轰动。

虽然已经是"名人"，但是李学民依然在外打工，因为传承"旋木碗"并不会给他带来经济利益的增长，反而是占用了很多打工时间，影响了他的收入。

非物质文化遗产"沙窝木旋"第十一代代表性传承人李学民

农忙麦收季节的沙窝村

沙窝木碗

◈ 无意拾遗

在建筑工地上被晒得面色黑红的他，偏偏有一个传承传统文化的梦。而他学习木旋技艺，传承这项传统技艺竟起源于十多年前的一个游戏。

那一年，初中毕业的李学民已经在外打工十几年了，见识过"外面世界"的他，春节回家和父亲聊起小时候常见常用的木碗。父亲说了很多，一时兴起，干脆把家里堆在角落里的旋轴找出来，又催着儿子去村里转转，寻找零部件，看能不能再拼凑成一张完整的旋床。

李学民挨家挨户找来各种零部件，好不容易拼凑成一张完整的旋床。尽管已很长时间没有操作过旋床，踏上旋床的动作也略显笨拙，但在沙窝村还是引起了不小的震动，家里一下子吸引了很多人围观。

李学民挨家挨户寻找旋床的零部件

有心学习

几年后,李学民家中盖房子,翻出三张破旧不堪的大旋床。原本打算将它们无偿捐给博物馆,可因多种原因,捐赠并未实现。

李学民意识到能够展示沙窝木旋技艺的不是博物馆,而是他们这些见过、用过木碗的人。他决定留下车床,学习木旋技术。

为了学艺,他三年没有离开沙窝村。三年没有外出打工挣钱,每天上午在村子附近砖窑干点零活,下午跟着师傅学习实践。经过不断练习,终于练就了心手合一、手脚连贯的本领。

李学民正在操作大旋床

在李学民发布的近400个短视频里，大部分都是展示他和他的老师——91岁的程金庆老人的木旋手艺的视频。

经过一番勤学苦练，李学民掌握了20多种木制品的做法，他还前往十多千米外的广平县胜营镇军营村，跟一位80多岁的老手艺人学会了做烟嘴。

91岁的程金庆老人是教授李学民木碗制作技艺的老师

走向世界

2017年，李学民应邀参加了国际木文化学会主办的"世界木材日"活动，外国朋友对中国传统木旋的激动、欣喜和惊叹，让他很受触动。

一位白发苍苍的"洋"木匠，登上大旋床操作一番后泪流满面，表情激动地跟李学民说着什么。

不用翻译，李学民也知道，那是对"寻根"——找到木旋文化的源头的感慨。这是他们心底的共鸣。

从美国回来，李学民开始自学英语。只有初中学历的他，第二年再次去柬埔寨参加"世界木材日"活动时，竟然能够替团里伙伴上街买药了。

如今，在李学民的快手账号里，也有他用英语介绍木旋的内容。

2021年"世界木材日"，由于疫情影响，改为线上进行，李学民再次应邀参加，录制了木碗制作的视频。他在"Wood is Good"视频里道出了心声，木碗制作工艺也承载着他的梦想。

一门手艺

❀ 大旋床做木碗

"四四方方一张床,一人坐在冲当阳。人人想吃这碗饭,只见面条不见汤。"这首诗描述的就是制作沙窝木碗的场景。

制作木碗的主要工作过程是坐在旋床上来完成的。通过旋床上轮轴的转动,用刀具对木材进行旋切,一条条卷曲的木屑从碗里被旋出来,像极了一根根盘曲的面条。

一条条卷曲的木屑从碗里被旋出来

卷曲的木屑像极了一根根盘曲的面条

沙窝木碗

2021年5月13日,"世界木材日"活动前夕,河北省邯郸市肥乡区元固乡沙窝村的李学民应邀录制了沙窝木碗制作的整个过程,在国际木文化学会官网上播放。

旋床的介绍

制作木碗的主要工具是旋床,旋床最重要的部位就是旋轴。旋轴制作起来特别不容易,需要先用小旋床把锥形做出来,再用火把中间的刻槽烧出来。

把旋轴放在大旋床上时,需要十几个年轻人共同协作,有的扶着车床,有的上下拉动轴带,中间还要有人打蜂蜡。由于快速的旋转,蜂蜡融化起到润滑作用。

旋床的工作原理是靠脚踩踏棍传出动力,带动主轴旋转,然后手握刀具对木材进行加工。

上、下旋床时要同时踩踏两根踏棍,如果只踩一根容易因为踏棍上下摆动而摔倒。

踏上高高的旋床,坐在上面,用双脚来控制在车床下部的轮轴,将材料固定在一端的转轴上。

刀具的使用

用腹部顶着一个 T 形支架的一端,将支架上的擩棍固定在另一端的凹洞

固定刀具的支架

中。这个支架是固定刀具用的。

左手握刀柄前面以控制刀具的角度和方向，右手握刀柄尾部加以配合。四肢共同协作完成木碗的制作。

制作木碗的刀具主要有三把：挖刀、尖刀和圆琢刀。

先用挖刀挖空木碗，圆琢刀掌握弧度，并适时调整卡在轴承右边木板凹洞中的刀架。

然后旋制外部碗形，一会儿正转，一会反转，反复修整，达到一只碗的标准样式。这时木碗的中轴仍是连在一起的，通常一段木桩可以出三到四个木碗。

旋完木碗的外延，换尖刀旋掉木旋底和木料的最后连接处。接下来是旋木碗底，在刚刚切断的碗底部分，旋成合适的圆。然后将木碗扣在上面，敲击木碗底部，使木碗与倒盘连接牢固。最后用挖刀沿碗底最尖处开始旋制碗底，旋好碗底后，一个手工制作的木碗就完成了。

李学民是土生土长的沙窝村人，凭着对家乡传统技艺的热爱，让他学会了近乎失传的沙窝木旋技艺，并且带着它走出国门，在每年的"世界木材日"活动上展示。

挖刀、尖刀和圆琢刀

一段木桩可以旋出三到四个木碗

受全球疫情的影响，2021年的"世界木材日"活动改为通过网络在线上展演，李学民完整录制作了木碗的制作过程。

⊕ 小旋床做擀面杖等小木器

饺子是我国人民喜爱的传统食品，原名"娇耳"，是医圣张仲景首先发明的。

据说张仲景告老还乡后，走到家乡白河岸边，见很多穷苦百姓忍饥受寒，耳朵都冻烂了。于是，他发明了"祛寒娇耳汤"，分给乞药的病人服用，吃了一段时间，病人的烂耳朵就好了。

用小旋床加工的烟嘴、胡椒面研磨器等小木器

⊕ 选料

制作擀面杖需要选择一些密度比较大的木材，如枣木、梨木、槐木、白蜡木等，都是较好的制作材料。木材密度越高，做出来的擀面杖越光滑，不但擀面不粘面皮，而且使用还特别省力。

取一段长约26厘米、直径3～4厘米的硬木。观察其含水量在20%左右，无疤痕无裂纹且直溜溜的即符合制作要求。

将选好的木坯拿在左手，木旋工匠坐在小旋床上，右手把拉弓上的皮条缠绕在木坯上。调好走马的位置，把木坯的两端轻轻打进鹰嘴内，左脚踩着踏板，右手拉动拉弓使木料转动。

材料选用长约26厘米、直径3～4厘米的硬木

❁ 半圆刀

调整好木坯中心点，把走马敲紧，打上楔子，这样就可以用半圆刀开始做擀面杖的粗旋了。

半圆刀在不同地区有不同的称呼，有的地方叫圆凿刀，有的地方叫开荒刀，还有的地方叫龙凿。

开始旋制之前，可以在木坯和鹰嘴衔接的地方滴上两滴食用油，这样木坯旋转起来就会非常顺畅。

右腿膝盖顶上工具箱，半圆刀的刀柄放在膝盖上。左手握刀身前半部，食指抵住压杆边缘，右手拉动拉弓，等拉弓往回拉时下刀。每拉一下，旋刀的位置就略微向左动一下，与此同时托着刀柄的右膝盖也向左挪动。

用半圆刀做擀面杖的粗旋

等木坯的左半部分用半圆刀全部旋完后，左脚松开踏板。用刀具把走马的木楔子打松，把走马向外打。把旋完一半的木坯掉个头，拉弓的皮条缠绕在旋好的那半部分。

❀ 平刀

等用半圆刀把木坯全部找圆后，换平刀把半圆刀留下的刀痕旋干净。首先把平刀刀柄放在右膝盖上，膝盖顶住工具箱。

右手握拉弓，左手握刀身前端，食指抵在压杆边缘上。

右膝盖、握刀的左手同时配合着进刀。

边旋边向左侧滑动刀头。旋至擀面杖边缘部分时，膝盖慢慢向上顶刀柄，左手腕握刀同时慢慢向左翻，这样一个完美的弧度就旋出来了。

转动擀面杖，将其他位置旋至光滑，也可以用砂纸把擀面杖打磨得更加光滑。

然后，用平刀刀身打松走马上的楔子，把走马向外打，取出擀面棍。

这样一个小擀面杖就做好了。

用平刀加工擀面杖

一方水土

❀ 老漳河

奔腾不息的黄河被誉为中华民族文明的摇篮，同样漳河也孕育了华北文明燕赵文化。

漳河穿行于太行山的崇山峻岭之中，水性湍而悍，急流以高屋建瓴之势，穿峡谷、越断崖，奔腾而下，有书记载"漳水洪涛声闻数里"，洪流挟带大量泥沙，素有"小黄河"之称。

后漳水南徙，原主流河道屡经洪泛，泥沙大量淤积，水势越来越弱。虽然没有了原来的漳河气势，但因确实是漳水故道，所以称之为老漳河。

老漳河两岸沟谷地带长满了柳树，枝繁叶茂，绿影婆娑，形成天然屏障。因其具有抗湿、抗寒、抗风沙、耐盐碱的惊人能力而被誉为"漳河英雄树"。

明代李攀龙诗曰："春树万家漳水上，白云千载太行来。"

位于河北邯郸肥乡区东部的沙窝村，是由古漳河和古黄河冲积泥沙而形成的自然村落。

沙窝村人就地取材，用柳树旋成木碗和一些日用品换取生活必需品。

❀ 磁州桥

《肥乡县志》中记载：明朝嘉靖年间，永年申崧岩驻兵磁州（今河北邯郸磁县）征聘赵得秀承建磁州南关大石桥。

赵得秀，号九峰，肥乡彭固村人，因为擅长各种工匠技艺，人称"鲁班"。明代滏阳河上的多座石桥，大概都为他所建，可惜没有详细的资料加以证明。

南关大石桥在磁州城南关滏阳河上，又叫偃月桥。

桥长65米，宽8米，青石铺就。桥下三个大大的圆拱券，拱券两侧上方均雕有汲水兽。桥上石栏多望柱，柱头雕有寿桃、葫芦等，桥头两端分别雕有灵气活现的石狮子。

每逢中秋佳节，皓月当空，石桥形若长虹，横卧波上，月光灌满桥孔，天上明月，地上滏水，嫦娥弄波，静影沉璧，天上人间，如临仙境，凭栏一望，银光长流。

此情此景被誉为"滏桥秋月"，列"磁州八景"。

如今"城关"不在，但石桥依旧，见证着古城的历史。

平原君墓

距沙窝村6千米的西屯庄村，建有赵平原君墓。

平原君赵胜，战国时赵惠文王的弟弟、赵孝成王的叔叔，与齐国孟尝君、楚国春申君、魏国信陵君合称"战国四君子"。

踏进陵区，大门对面是一座墓碑，由一只神龟驮起，上书"赵平原君墓"五个大字，碑阴书写平原君生平事迹。

据《肥乡县志》记载，墓上积雪一直到第二年暮春才会融化，故被称为"赵陵春雪"，成为肥乡一景。

墓冢至墓碑共59步，代表平原君享年59岁。

"四君子"中唯有赵胜善终，这大概与他的机智与胸怀有关。

赵孝成王七年，秦军进围赵都邯郸。平原君对外向魏国和楚国求援，对内尽散家财，发动士兵坚守城池，直到楚军和魏信陵君援兵赶到，解邯郸之围。平原君虽立大功，却不向赵王请封。

"翩翩佳公子，浊世平原君。"平原君恢宏气度和不计功利的品性为当地人沿袭下来。

一段历史

❂ 旋木碗的起源

自燧人氏钻木取火起,木材就与人类社会结下了不解之缘。随着人类社会的进步,木制品被人们越来越多地应用到生产、生活各个领域。

1977年,国家考古队在挖掘河姆渡遗址时,出土了我国境内发现的最早的朱漆木碗,它是由一块木头旋挖而成的。

《秦士好古》中那个人手拿一个朽碗去找秦士说是舜帝用的碗,由此可知木碗在夏朝就使用了,在秦朝被作为古物收藏。

汉代出土的全部漆器中,木胎占绝大部分,制法之一是旋木胎。

1959年,在新疆吐鲁番县(今吐鲁番市)阿斯塔那的唐墓里,曾出土了唐代木碗,当时碗里还放着一只饺子和四个馄饨。

木碗是由大旋床旋制而成,而做饺子皮用的擀面杖是用小旋床做的,这说明当时已使用大小旋床用来制作物品。

北宋文学家、史学家曾巩在《耳目志》中记有孟光的妻子"举桉齐眉"的故事,南宋吕少卫的《语林》指出,桉乃古椀,就是碗。

河姆渡遗址出土的朱漆木碗

曾巩画像

"举案齐眉"的故事被多少后人传承吟唱，以至于影响了民俗：在河南林县一代嫁女都会送木碗陪嫁，父母也都希望小夫妻能效仿先贤，相敬如宾。

这一习俗保留至今，这种木碗套旋技艺也流传到现在。

沙窝木碗的兴衰

木碗的制作技艺在春秋时期形成了一定模型，据说当时人称"鲁班"的公输盘发明了木旋技艺，由明代"鲁班"赵得秀传到沙窝村，流传至今已有500余年的历史。

赵得秀，明代河北肥乡县木匠，因技艺奇巧，人称"鲁班重生"。

沙窝村原本水灾泛滥，经常颗粒无收。自此沙窝人极少务农，世代以木旋为生，并家家供奉祖师爷赵得秀。然而，在20世纪，沙窝木艺也差点失传。

后来环境稍好，但是沙窝木业也没有发展起来，和市场严重脱节，不成规模。艺人们纷纷改行，只有少数的几个艺人坚持了下来。年轻人都外出打工，古老的技艺遭遇了严重的传承困境。

古代工匠大师鲁班

❂ 沙窝木碗的传承

　　李姓家族的木旋工艺自第一代李怀珍雍正年间从师学艺，到现在的李学民已传承了十一代。

　　李学民的爷爷是木旋手艺人，但是到他父亲时，当时环境不允许学习，而李学民也只是童年的记忆里在见过旋床和木碗。

　　21世纪初的一天，33岁的李学民长期在外打工回到了沙窝村，开始了他的木旋生涯，他不但自己学会了木旋技艺，而且还在空闲时组织村里年轻人学习木旋，了解木旋历史文化。他查阅县志，走访老人，从更多的人那里了解沙窝木旋。

　　在李学民家二楼，一溜三间宽宽敞敞的好房，充当了传统木旋展示、保存和宣讲的小型陈列室。展品旁边的宣传板上，还详细记述着这个展品在沙窝的历史。

　　他跑遍附近所有与木旋沾边的乡村县镇，深入地了解到木旋工艺曾经是这片土地上的匠人们极其高超的技艺与智慧的辉煌体现。

李学民在家开设了传统木旋展示、保存和宣讲的小型陈列室

一袭传统

木碗文化

俗话说"民以食为天",有食即必有食器。

附着于民族饮食文化的木碗,最早见于河姆渡遗址,远远早于青铜器时期。

河姆渡遗址

木旋工艺源远流长，属于传统木作中的八工（舟车、棺椁、建筑、家具、笼箩、农具、盆桶、木旋）之一，工艺得以世代相传。

柳文化

沙窝木碗是用柳树根制作而成的，在中国传统文化中，柳树包含了太多深层意义。

首先，柳代表了吉祥美好。

《观音菩萨偈》中"瓶中甘露常遍洒，手中杨柳不计秋"。佛教故事中观世音菩萨一手托净水瓶，另一手拿柳枝，为人间遍洒甘露，祛病消灾，赐福满愿。

另外，柳与"留"谐音，表示留恋，不忍离别。诗经里就有"杨柳依依"表示惜别之情。

唐代著名诗人、词人温庭筠凭吊北齐后主诗曰："唯有漳河柳，还向旧营春"，是说只有那漳河岸边的柳树，还在向旧都展现春色。

中华民族历来有重视生命繁衍、代代相传的根文化，娘家人将柳树做的沙窝木碗作为女儿的陪嫁，希望女儿家中根深叶茂、子孙满堂，生活兴旺发达，后继有人。

把柳树根加工成生产木碗的木坯

沙窝木旋文化

为了使传统工艺"沙窝木旋"这个"根"枝繁叶茂、持续生长，李学民决定"从娃娃抓起"。

2020年10月9日，在肥乡区文化馆的指导下，沙窝木碗第十一代代表性传承人李学民来到元固乡沙窝村幼儿园，给这里的孩子们送来了一场关于木旋文化的盛宴。

幼儿园手工教室内李学民播放了《沙窝木碗套旋技艺》《木哨制作》等视频。

一面让孩子们在砂纸上打磨自己的小作品，一面给孩子们讲解所打磨的哨子、葫芦等都是由木头变成的，而木旋就是把木头变成物品的一种最好的方法之一。

2021年6月，李学民又来到在肥乡县元固乡中学，指导学生们学习沙窝木旋技艺。

期待孩子们能从小就了解自己身边优秀的非遗文化，让保护非遗的种子在孩子们幼小的心灵生根发芽，茁壮成长。

李学民给沙窝村幼儿园的孩子们送来一场关于木旋文化的盛宴

应县木塔
Yingxian Muta

一件作品

❖ 外观

2500多年前佛祖释迦牟尼圆寂后,佛骨、肉身、舍利子等被广泛供奉,随着佛教传入中国,我国诸多寺院、佛塔中也存有佛舍利,而在众多佛塔中,独有山西应县木塔名为释迦塔。

比萨斜塔

释迦塔中供有两颗佛牙舍利，位于山西省朔州市应县城西北佛宫寺内，是世界上现存最古老最高大之木塔，与意大利比萨斜塔、巴黎埃菲尔铁塔并称世界三大奇塔。

与我们所见的一般塔不同，它很少彩绘雕饰。一根根粗重的塔柱，都是用松树原木垒成的，古朴无华，却很雄浑苍劲。宏大的斗拱，宽阔的回廊，凌霄的塔尖，气势磅礴。

应县木塔

埃菲尔铁塔

⊕ 价值

释迦塔是我国木构建筑的奇迹，它的珍贵可以概括为"最古""最高""最多""最巧""最固"这几个词。

"最古"说的是它的塔龄，应县木塔创建于950多年前的辽清宁二年，是世界上现存最古老的木构建筑。

"最高"指的是它的高度，有67.31米，它是全国最高的木塔，也是当今世界最高的纯木构建筑。

"最巧"是说木塔的设计，木塔为纯木结构，整座木塔没有用一根铁钉，全靠榫和卯咬合，造型美观。据统计，全塔共用木料1万立方米，重约7400吨（不包括两层塔基）。当地流传这样一句话，"砍尽黄花松，建起应州塔"。

"最固"是说它的结构。有一句诗叫"危楼高百尺"，一般情况下越高越不稳定，但是应县木塔高67.3米，950多年了，却依然屹立不倒，其实这与它的结构有关。应县木塔是一个双层套筒结构，这样的结构增加了它的稳固性。

"最多"是说它的斗拱种类。应县木塔共使用斗拱54种，480朵，为中国现存古建筑之最，堪称"斗拱博物馆"。由于应县木塔斗拱之间不是刚性连接，所以在受到大风、地震等水平力作用时，木材之间产生一定的位移和摩擦，从而可以吸收和损耗部分能量，起到调整变形的作用，这也是应县木塔屹立千年不倒的原因之一。

◈ 图腾

历代帝王将相、达官显贵、文人墨客、佛门弟子都纷纷前来登临观赏、礼拜瞻仰。

释迦塔巨大而精巧的设计构造，在建筑学家眼中价值无限，在百姓看来，它有神佛护佑。

塔内各层供有佛像，塔外每层檐下装有风铃，风吹铃动，铮铮作响。

塔顶作八角攒尖式，上立铁刹。塔周围群鸟环绕，似在保护木塔。

木塔第六层的莲花顶周围长着一圈灵芝草，一年四季葱郁旺盛。传说慧能大师应梦把灵芝草采回宝宫禅寺，栽在木塔此处。

应县木塔不论是建筑价值还是精神图腾，都是当地人的骄傲，是世人心神向往之所在。

一位有缘人

2020年11月17日,中国文物保护基金会第十二届"薪火相传——匠心扶贫 与爱同行"活动在宁夏银川举办。

赵玉山,一个"建造"应县木塔的工匠,脱颖而出,成为"匠心传承"杰出个人。

60岁的赵玉山出生在山西应县三门城村一个三代木匠的家庭,他一生只为做好一件事:建造缩微应县木塔。

少年梦想

15岁时,随父亲进了应县城,赵玉山终于看到了从老人们口中听说过的神奇木塔。

古老的木塔深深地吸引着少年,令他心中燃引一股豪情斗志。

回家后,他牺牲了假期玩耍的时间,做了一箩筐斗拱,这是木塔最基本的零件。然而,它们却被父亲填进了炉膛,他也遭到训斥:"不好好读书,啥心都有,木塔是人家神仙鲁班爷做的,你也想?"

后来他放下书本跟着族人出去做木匠活儿,一边学习一边实践,很快就出徒了。三四年后他已经成为一个成熟的木匠,也成家了,凭着一份手艺足以养活一家人,然而他的想法从来就不是养家糊口那么简单。

恢宏大气的木塔深深吸引着少年赵玉山

⊕ 践行梦想

他要做木塔，一定要做成。

从15岁到50岁，他从来不曾停止心中的梦想。

一有空就买张车票进城，自己买门票进木塔景区，一待就是一天，反复观察、琢磨木塔，回来后就开始动工安装。家，就是工作的阵地，在家里似乎除了那一堆木头，他没有别的想法。

他像一个取经路上的苦行僧一样，坚定着心中的志向和前进的步伐。

家里的钱基本都用去购买木料，他的手艺非但没有满足他的温饱，反而使他负债累累。

2006年，他已经没钱买原材料了，46岁的他向人借钱买了车去县城跑出租。也就在这一年，他终于有机会第一次登上了他日思夜想、心驰神往的佛宫寺释迦塔。

站在塔上，他心神顿明，恍若塔中的佛祖开启了他尘封的智慧。

冥冥之中他仿佛受到了感召，毅然卖掉刚跑三个月的出租车，回到了家里。

实现梦想

这次用了五年的时间，他终于造成了一座1∶4比例的微缩木塔。

可惜，尽管所造的木塔外形和真的一样，却因没有图纸，也无法实地丈量，木塔的尺寸比例失调。

2014年，54岁的赵玉山东山再起，在外挣了一些钱后，再次回到三城门村。他贷款、借钱，建起了7.5米高的蓝色彩钢瓦房和机房，这是未来木塔的家。

2015年开始按照专家送他的图纸，建一个与实塔尺寸比例1∶8的木塔。

如今，他的木塔已建了多层，精致的木柱、窗格，光滑的藻井，细密紧凑的榫卯结构组成的斗拱层层叠叠，如同盛开的莲花一般。

他在计划书上写道："经费预算50万，勤俭节约，求朋告友，贷款建塔。"

建塔，是这个普通木匠的生命意义所在，浓缩的木塔凝结着他的心血，依附着他的灵魂。

一门手艺

⊕ 塔基

全塔立于4.4米高的双重石基之上，上层月台南壁嵌云母石两片，刻后世重修碑记；下层南壁正中嵌八角形石料并刻八卦图案。台基各角仍存有石雕角兽，造型生动。

⊕ 塔身

木塔外观五层，实际内部每两层之间有一暗层，实为九层。

每一暗层，位于平坐和腰檐之后。各层均用内、外两圈木柱支撑，每层外圈24根，内圈8根。

在外观上，外柱缩进构成塔身层层缩小的效果，既给人稳定的印象，还能因为透视错觉的原因无形中增加塔的高度感。

每层的外柱一周和内柱一周均通过柱头的阑额、内额、普拍枋等水平构件加以联络，各自形成一个整体；而内外两圈立柱又通过斗拱铺作层和梁枋相互勾连，构成更加强有力的大整体。

在内部，各层的内圈立柱层层叠叠，由底部直抵顶端，上层柱身通过榫卯"插入"下层的斗拱铺作之中。

各层铺作的规格是按规模等级来定的：副阶用五铺作，第一、二层檐用七铺作，第三、四、五层檐分别用六、五、四铺作，越往上铺作层数越少。

通过斗拱和榫卯联结而成的木塔结构

⊕ 斗拱

这就造成了木塔斗拱类型众多，斗拱因地位和功用不同而种类不同，全塔共计54种之多。

每个斗拱都有一定的组合形式，将梁、坊、柱结成一个整体，构件间全部以榫卯联结，不用一铁一钉，使每层都形成了一个八边形中空结构层。不仅造型完美，巧夺天工，而且具有极好的整体性。

站在应县木塔脚下翘首仰望，满目皆是层层叠叠、密密麻麻的斗拱，当真是"千栌赫奕、万拱峻层，悬栌骈凑、云薄万拱"之气象。

木塔中这万千斗拱，除了基本的承重、构造和美学作用之外，对于木塔的抗震也起到了至关重要的作用。

层层叠叠、密密麻麻的斗拱

由于斗拱系统本身是由若干小木料榫接在一起，出现了许多小型的悬臂梁，它们对于调整倾角、平衡弯矩起着重要的作用。一旦受到地震、炮击，它们成为一种阻尼装置，通过斗拱榫卯间的摩擦、错位，可以消耗掉外来的巨大能量，使整个结构具有较好的抗震、抗冲击性能。

除了塔体，塔顶铁刹的设计也是天机神意。铁刹全铁制成，由迎莲覆钵、相轮火焰、仰目宝瓶及宝珠组成，中间有铁轴一根，插入梁架之内，四周八条铁链，沿塔八角引入地下，形成了一套完整的避雷设施。

塔顶铁刹

一方水土

　　桑干河流域位于内外长城之间,是中国历史上北部少数民族通向汉民族地区的咽喉,因其特殊的地理位置使居住在这片土地上的人民不断地陷入民族纷争,又不断地促进民族融合。

桑干河大峡谷

龙首书院

位于山西应州的龙首书院是山西的第一所书院，也是少数民族政权辖域的第一所书院，建于辽景宗、圣宗时期。

当时的应州为辽的统治区域，是宋辽频繁交战的前线和主战场，老百姓疲于逃难，无立学之环境，少办学之人才。

龙首书院的创建者邢抱朴是一位"以儒术显"的贤士大夫。开办儒学馆，显示推行中原文化，在乱世中求民族融合的思想。

邢抱朴曾任礼部侍郎、户部尚书、参知政事、翰林学士，龙首书院也是他为纪念母亲陈氏的教诲之恩而创办的。

陈氏20岁嫁给刑部郎中邢简，生有六子。因为当时应州城里到处都是武馆，识字的人都找不到几个，于是陈氏便亲自教授孩子们。

不枉一番苦心，陈氏的6个孩子都成为当时的饱学之士。其中，抱朴做官做到南院枢密使，相当于汉人的宰相，抱质也官至侍中。

邢家兄弟连中甲第，一门两相，在中国历史上也很少见。

佛宫寺

陈氏过世后，睿智皇后萧绰追赠她为"鲁国夫人"。10年后，萧绰亲征中原带兵攻宋，宋辽达成"澶渊之盟"，换来了长达百年的和平，举世闻名的释迦塔就是在此和平环境下建成的。

释迦木塔屹立于应县佛宫寺近千年，塔中释迦牟尼的塑像仿契丹人而塑，口唇边留有短须，戴耳环。这反映了当时民族融合已是普遍现象。

佛宫寺自南而北依次为牌坊、山门、大雄宝殿、中轴线两侧。钟楼、鼓楼、配殿等。现存建筑物释迦塔为辽代遗构，钟楼、鼓楼为明代重建，大雄宝殿、配殿皆为清代建筑。

坐落在寺内的各朝代的建筑仿佛在默默昭示着各民族之间历代纷争与不断融合。

佛宫寺

⊙ 净土寺

　　净土寺位于应县城内东北隅，又名北寺，建于金初。1933年，梁思成先生考察释迦塔时发现了它，并为殿内精美的藻井而叫绝。

　　此处初建时本是后唐皇帝明宗李嗣源的家庙，后因战乱频仍而残破，应州被契丹辽占据，无人为李唐再修家庙。

　　辽灭金立，在原址上建起了净土寺。

　　目前寺中残存只有大雄宝殿，但其殿内让梁先生叫绝的藻井仍然完好，四面金龙盘绕，造型美观，构图精细，是研究金代建筑学的实物资料。

　　大雄宝殿的天花藻井，又叫"天宫楼阁"，殿顶覆斗形天花板，以房梁划为9格，分作9个藻井，数当心间的藻井最大，传说中间那两条金色的浮雕双龙会在深夜飞舞，光照大殿。

　　殿内四周和藻井平齐的墙头都装有天宫楼阁，与藻井相呼应。这种形制规模、制作精致的金代藻井，目前国内尚没有发现第二个。

一段历史

❀ 建塔背景

如同矗立在埃及境内的金字塔一样,耸立于塞外高原的应县木塔已无从寻求建造它的那个王朝。

那是个信奉佛教却又杀伐果断的国家——契丹族建立的大辽国。

契丹崛起的时代,正是中原唐王朝迅速走向衰落的时代,五代十国,群雄割据。

后唐节度使石敬瑭拉拢契丹,让出幽云十六州,建朝后晋当起了"儿皇帝"。

应州,就是今天的山西应县,在十六州之列。

后周大将赵匡胤称帝建立宋朝,平定南方各割据政权后,意欲向北讨回幽云十六州,实现真正统一。

公元986年,宋太宗赵光义派兵30万北伐,辽国太后萧绰携年仅16岁的圣宗皇帝耶律隆绪亲自带兵迎敌,全胜而归。

宋辽之间的对峙达25年之久,直至辽国萧太后与圣宗于1004年再度亲率大军攻宋,迫使宋真宗赵恒签下"澶渊之盟",双方结束战事,建立长达百余年的和平局面。

此时中原的"丝绸之路"已被阻断,西域的商旅和僧侣由北线经大同而达幽燕,误认为整个中国都在契丹的治下。行走山西,还能领略云冈石窟、雁门关等著名景点的风采。

赵匡胤画像

大同云冈石窟

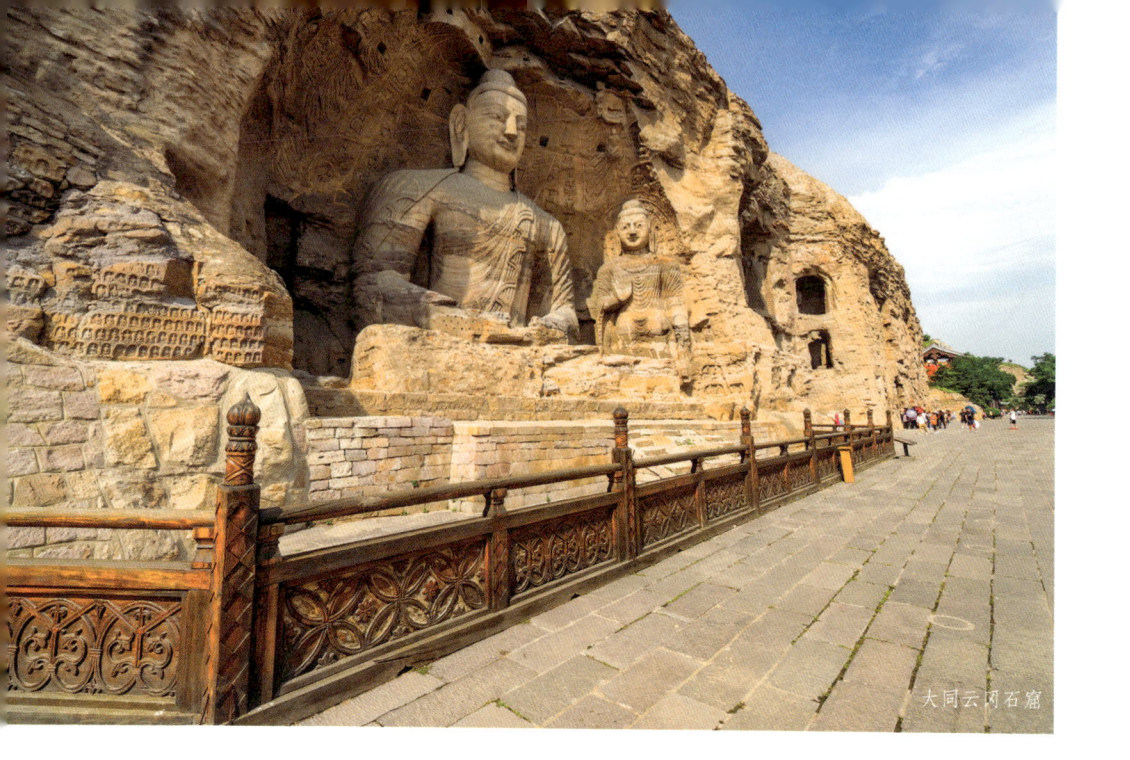

《马可·波罗游记》第一次向西方介绍中国时,就以"契丹"来命名中国。

建塔人

辽国的疆土远大于宋朝,经济也在迅猛发展。"乱世毁庙,盛世建塔",笃信佛教的辽国后族开始建庙盖塔。

宋朝前的后周皇帝柴荣不信佛,甚至为了铸钱币而销毁佛像,中原的高僧、能人纷纷北上为辽国造塔提供了条件。

《仁懿皇后哀册》提到她"建宝塔而创精蓝百千处",仁懿皇后即辽兴宗皇后萧挞里,是她倡导建造了应州佛宫寺释迦塔。

辽国后族本不姓萧,因辽太祖阿保机向往汉族刘邦与萧何的君臣关系,称自己姓刘,为刘邦后人,又赐其后族为萧姓。

萧氏家族虽与中原萧氏并无血缘关系,但是对佛教的信仰却不逊梁武帝萧衍。

位于大同古城,始建于辽重熙七年(公元1038年)的华严寺

据史书记载,辽兴宗、道宗时期崇佛达到疯狂的程度,"贵戚望族化之,多舍男女为僧尼"。

走进木塔,在一层一个门额照壁板上,可以看到上、下六幅供养人像,据学者推测,上方三人分别为圣宗钦哀皇后萧耨斤、兴宗仁懿皇后萧挞里、道宗宣懿皇后萧观音,下方三人为家族中三位男性封王。

萧耨斤是萧挞里的姑母,兴宗耶律宗真继位后,萧耨斤把弟弟的长女萧挞里给儿子纳入后宫,而萧观音则是萧耨斤另一个弟弟的女儿,与兴宗长子道宗耶律洪基自幼青梅竹马。

如此看来,萧耨斤与萧挞里是婆媳、与萧观音是婆祖母与孙媳关系,而萧挞里和萧观音姐妹二人也成了婆媳。

萧氏后族这一支出在应州,在家乡修建高塔不仅可以彰显"一门三后、一家三王"的荣耀,为家族祈求福报,还可以眺望边境动向,发挥军事价值。

❁ 木塔后世

尽管仁懿皇后一心向佛，节俭向善，每年宋朝和其他诸部向她贺寿的贺礼，她几乎全部赏赐给贫困之家。

也许是辽朝此后的君主太过暴虐、昏庸，佛祖并没有保佑大辽千秋万代。木塔兴建不足百年——公元1125年，辽天祚帝耶律延禧在应州被金兵俘获，辽国被金国所灭。

一代王朝坍塌，而释迦塔依然屹立不倒。

雁门关外，桑干河畔，荻花蒲草之上耸立千年的木塔，静观朝代更迭，遍阅人间沧桑。

雁门关宁边楼

一袭传统

◉ 塔之奇

"这塔真是个独一无二的伟大作品。不见此塔，不知木构的可能性到了什么程度。"梁思成在给妻子林徽因的信中极力夸赞的木结构塔，就是山西应县释迦塔。

应县木塔，与比萨斜塔、巴黎埃菲尔铁塔并称"世界三大奇塔"。

三大奇塔中，唯有应县释迦塔没有一根铁钉，没有一块石头，完全是纯木结构。

木塔全部采用红松木料建造，可同时容纳1500人登临。斗拱——这种中国独有的建筑构件更是被运用得登峰造极。斗拱由多个小型木块精巧铺叠而成，有承上启下之功，可连接各层柱、梁、枋。遇地震狂风侵袭，则如太极推手一般拆

中国建筑学家、建筑史学家、建筑教育家梁思成雕像

解动能，化强大外力于无形，确保木塔安全无虞。塔下仰望，朵朵斗拱如簇簇莲花，镶嵌塔身，人誉之"远看擎天柱，近视白尺莲"。

在莽莽恒岳之阴、悠悠桑干河之阳，在没有任何高大宫阙参照物的盆地南缘，突兀拔地升起一座擎天巨塔，自然会令人有"危乎高哉"的感叹。

应县木塔　　097

匾额

木塔虽高却并不危，屹立近千年而不倒。元顺帝时，地震七日，塔旁房舍全部倒塌，唯木塔岿然不动。近年的唐山地震、大同地震波及应县，木塔上的风铃全部震响，然木塔依然无恙。

明代万历时期应州籍户部主事田蕙取《淮南子·天文训》中"天柱地轴"为木塔制匾，正为说明这一景象。

应县木塔共有匾额48块，最著名的两块，是明成祖朱棣于永乐四年率军北伐，驻宿应州时亲题"峻极神工"；明武宗朱厚照于正德三年击败鞑靼小王子后，登塔群宴将官，题"天下奇观"。

两幅巨匾，悬于木塔最高处，让今人幸览有明一代"治隆唐宋""远迈汉唐"的文治武功。

"峻极神功""天下奇观"两幅牌匾

🏵 塔的作用

古人建塔的目的有瞭望敌情、军事防御之用，例如埃菲尔铁塔在战争期间曾经安置电话监听台，截获过德国军队的重要情报；泰晤士河边的伦敦塔也曾作为防卫森严的堡垒和宫殿。

而塔在中国又多了一层意义，供奉或收藏佛骨、佛像、佛经、僧人肉身等，通常被称为"佛塔"。

应县木塔各层均供奉佛像，代表显宗和密宗的26尊佛像分布在各层。

从第一层高约10米的释迦牟尼佛到第五层的毗卢遮那佛，礼佛者从一层的显宗逐层拜到五层的密宗，完成显密圆通。

据《五代史》记载，有高僧自西域来，向后唐明宗李嗣源献佛牙两颗。李嗣源笃信释教，深信这两颗佛牙为释迦牟尼真身舍利，因而专门请回故乡应州供奉。

木塔一层的释迦牟尼佛像

后唐被后晋灭，应州割让给辽，佛牙遂成辽廷圣物，辽建释迦塔供奉佛像、佛牙舍利。

古人出入雁门关自然以释迦塔为地标，30千米外便可遥望其雄姿。

历经辽、宋、元、明、清，朝代更替，世事变迁。千年回望，塔下行人络绎不绝，塔上风铃声声不断。

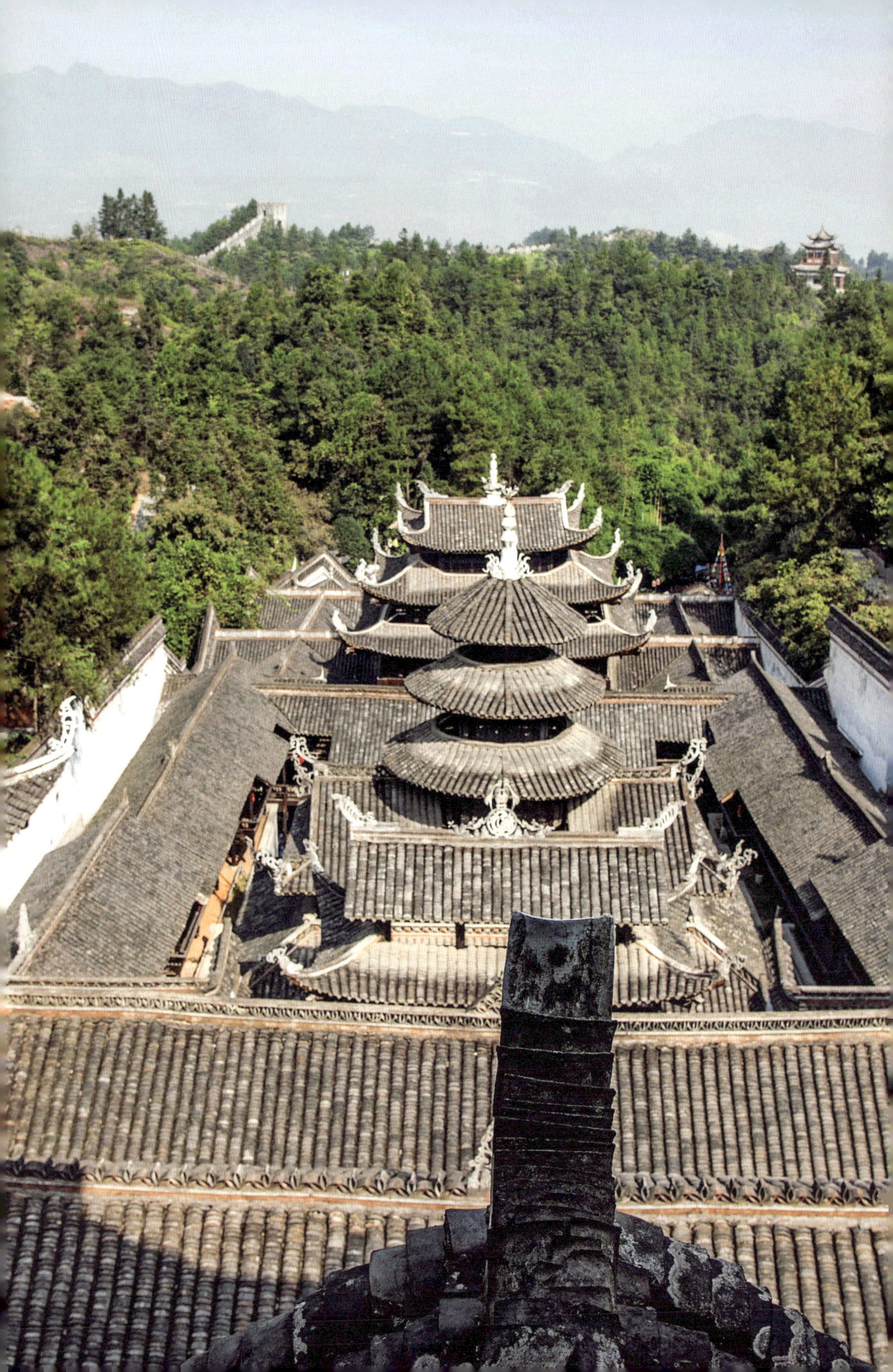

土家族吊脚楼
Tujiazu Diaojiaolou

一件作品

　　2021年6月12日是第五个"文化和自然遗产日",文化和旅游部主办的"百年百艺·薪火相传"中国传统工艺邀请展中,有来自全国的1200多位非遗传承人受邀参加,并展出了他们创作的1500余件(套)作品。

湖北省恩施土家族苗族自治州咸丰县土家族吊脚楼

湖北省恩施土家族苗族自治州咸丰县土家族吊脚楼营造技艺、国家级非遗代表性传承人万桃元创作的吊脚楼模型"撮箕口吊脚楼"入选。

◉ 吊脚楼模型

国家级非遗代表性传承人万桃元

"撮箕口"式是较为典型的土家族吊脚楼的形制，一正两厢，五柱二骑排扇的是正房、三柱二骑排扇的是厢房，整个建造没有一颗铁钉，全部都是竹木结构。这个模型的构件有700多个，包括92根柱头、32根挑梁、158根木栓……

一正两厢的"撮箕口吊脚楼"模型

　　一米见方的撮箕口吊脚楼模型，按照真房的比例缩小制成，集轮廓美、空间美和层次美于一身，先后在各地参展，屡次获奖。

　　这个模型可以作为制造吊脚楼的蓝本，它的构造比较复杂，按照传统吊脚楼的比例缩小20倍，在它的正屋与厢房的一个轴点处的一根柱子，叫伞把柱，又叫冲天炮，是吊脚楼最值得研究的地方。

　　匠人们行走在武陵山区，到处都是飞鸟，受到启发后，他们在吊脚楼上设计出独具特色的翅角挑。这些楼顶的翅角挑，真的宛如空中飞鸟的翅膀，十分优美。在吊脚楼的模型上刷一层桐油，既好看又利于长久保存。

　　吊脚楼的设计制作上运用"冲天炮""翅角挑"等特殊构件，使吊脚楼外观形式多样，轮廓婀娜多姿，同时也丰富了的内部空间层次。

　　万桃元已经搭建完成了十几个各种样式的吊脚楼模型，被当地文化馆收藏。

"翅角挑"构件

吊脚楼实物

目前，咸丰县境内有吊脚楼群近百个，逾万栋吊脚楼或依山或傍水，适应武陵山区独特的自然地理环境，属半干栏式建筑。

修建吊脚楼，首先要选择屋基。

屋场以"左青龙、右白虎、前朱雀、后玄武"为最佳，若不利之山或水，可在大门上挂吞口以辟邪纳瑞。若地势一头较弱，则可修建吊脚楼补充饱满。

接着，要"收山"（备料），尤其是所需柱头（立柱、骑筒）必须备齐。

然后架起木马，清理枋片，所有枋片必须与吊脚楼的大小相吻合，枋的尺寸要熟记于心。

依山而建的吊脚楼群

房屋构架采用穿斗式的手法，全用木条做铆，整栋楼不用一颗铁钉，牢固耐用。

柱与柱之间、柱与骑筒之间紧密衔接，排扇穿斗完成，立起高架，即可盖上青瓦。后续的门、窗等小料活儿均可在"室内"完成，不受天气影响。

"不用一钉一铆，墙倒屋也不倒"，土家族吊脚楼，以其精妙的技艺和挺拔的姿态立于山水之间。

历经岁月与风雨洗礼依然屹立不倒的吊脚楼

一位有缘人

◈ 立屋

"此槌不是平凡槌，鲁班赐我金银槌，我法槌落地是百无禁忌，亲朋好友大事七天，是千年的富贵，是万年的发迹，福事已毕，起！"

湖北咸丰的一座山腰间，作为掌墨师的万桃元正在指挥大家为吊脚楼立屋。

掌墨师是修建吊脚楼的灵魂人物，"木马、高杆、法槌、巾带、金栓"等工具，都在建造屋场就地取材。

现场取一"高杆"，不用一张图纸，就能简便、迅速、准确地测定房屋的位置、高矮、大小，掌握房屋的水平和角度。

掌墨师万桃元手持法槌指挥立屋

在掌墨师的指挥下，众人齐心协力将吊脚楼排扇立起

排扇之间用斗枋、地脚枋、檩子相连，形成吊脚楼正屋的架构

经历

万桃元15岁跟外公学习木工活，在跟随师父修建吊脚楼的过程中很快脱颖而出，全面掌握了修建土家族吊脚楼的各种规制、流程、技巧以及礼教文化。

一栋吊脚楼主体建造的全部木工有十几个流程，万桃元对每一个步骤都严谨细致，不漏一丝一毫，每一关节都把握十足，不出现一分差错，手在做心也在做。

万桃元从业40多年来，所修吊脚楼无数，至今保存完好的有几十栋。在服务乡邻的同时，也成就了万桃元精湛的技艺，成为远近闻名的"万木匠"。

2007年，鄂西地区最大的标准对称性吊脚楼花园建筑——蒋家花园里一根受损的柱头让许多手艺高超的木匠束手无策，此时"万木

万桃元严谨细致、勤奋刻苦的学艺生涯

匠"略显身手，采取"先换挑枋再换柱头"的方法就成功换下了受损的柱头，而且完全看不出痕迹。

这让文化部门人员发现了万桃元在吊脚楼制作上的营造技艺和建筑才能。最终，文化部门决定将整个蒋家花园的修复和主持工作交给他。

同年，进行抢救性维修的还有省级文物保护单位的严家祠堂。

2009年，万桃元又带领他的队伍成功修复了国家级文物保护单位——唐崖土司城址内的"荆南雄镇，楚蜀屏翰"牌坊。凭借万师傅高超的技艺，修旧如旧，浑然一体，对文物没有丝毫破坏和不良影响。

"荆南雄镇，楚蜀屏翰"牌坊

❁ 成就

凭借高超的技艺，万桃园先后被授予"恩施土家族苗族自治州第四批民间艺术大师""湖北省第二批非物质文化遗产传承人""第四批国家级非物质文化遗产传承人"等称号。

2019年9月25日，湖北省第三届"荆楚工匠"授称大会在武汉举行，万桃元经过层层遴选获此殊荣。

万桃元是土家族吊脚楼建造技艺第六代传人，在下一代传承人的培养上，他不遗余力，先后培养了一大批中青年工匠。如今他们已经独当一面，带领各自的施工班子为街坊邻里修房造屋，在当地也颇有影响。

由于万桃元是咸丰地区名副其实的土家族吊脚楼建造技艺大师，重庆的黔江、酉阳，湖南龙山等地纷纷前来邀请他做技术性的指导。

一门手艺

◉ 穿斗架体系

土家族吊脚楼传统民居均为穿斗架体系。

穿斗木构架是由柱子、穿枋、斗枋、纤子、檩木五种构件组成，又称"立帖式"。

穿枋、斗枋是水平方向的构件。

其中，进深方向的叫穿枋，开间方向的叫斗枋。

柱子是竖向构件，分为落地柱子和不落地的柱子。

落地的柱子，从内向外依次为中柱、二金柱、檐柱；不落地的柱子被当地人称为"骑童"。之所以如此称呼它，是因为这不落地的柱子一般都是短柱，像小孩骑在大人的肩膀上一般，架在落地的柱子上。

一个排扇中落地的柱子从内向外依次为中柱、二金柱、檐柱

川枋穿过柱子上的方孔，构成排扇

用柱子和骑童（短柱）来担负檩，檩上又承担椽，各穿枋之间互相拉结又彼此承重。

湖北咸丰地区土家族吊脚楼穿斗架类型主要有：三柱二骑、五柱二骑、五柱四骑和七柱二骑。

一排由柱子和穿枋合榫拼装成的构架，称为"排扇"。

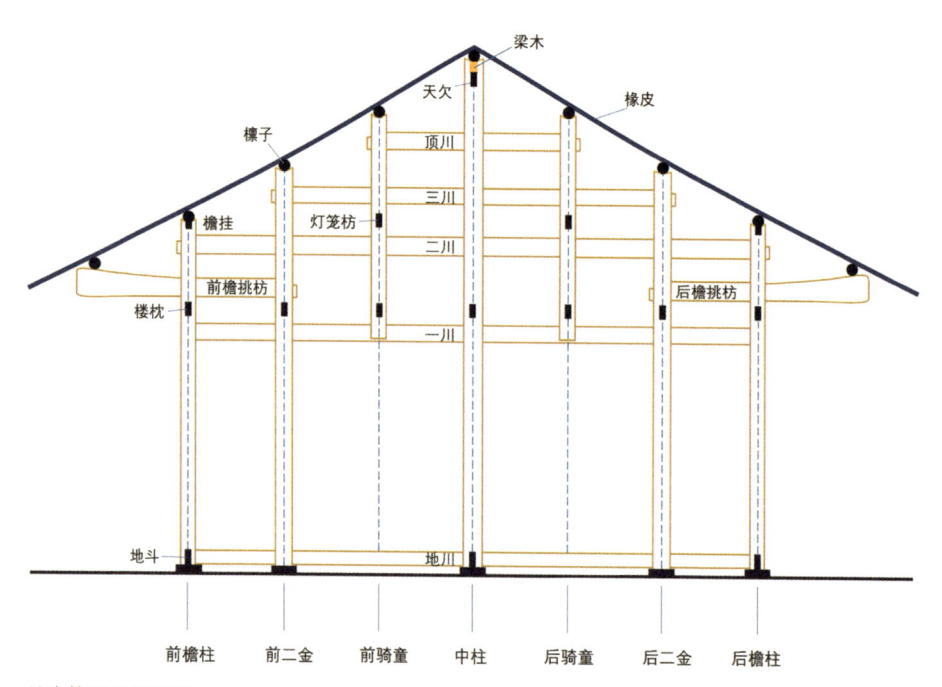

吊脚楼正屋侧面图

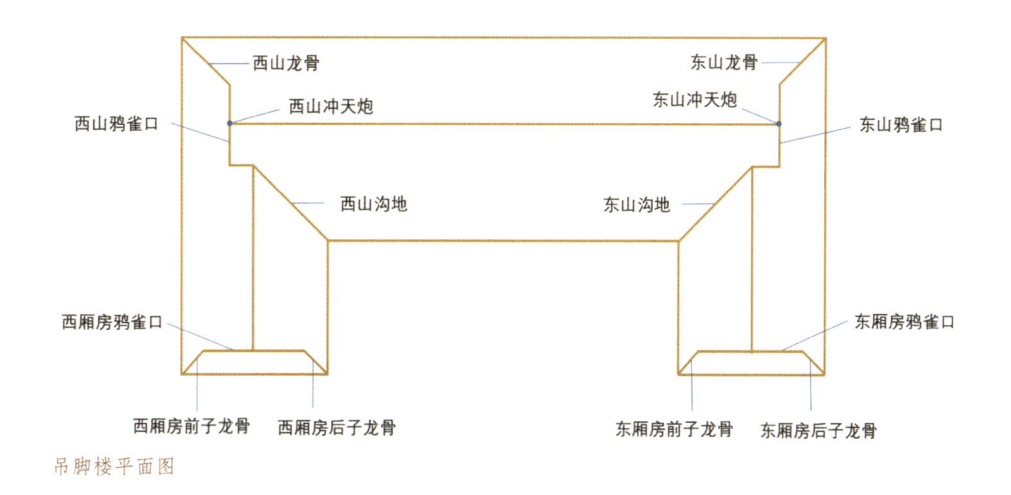

```
          ┌──西山龙骨                      东山龙骨──┐
西山鸦雀口──    西山冲天炮        东山冲天炮    ──东山鸦雀口
                 西山沟地          东山沟地
西厢房鸦雀口──                                  ──东厢房鸦雀口

      西厢房前子龙骨  西厢房后子龙骨    东厢房前子龙骨  东厢房后子龙骨
```

吊脚楼平面图

  吊脚楼有各种形制，主要有四合水天井式、撮箕口式、钥匙头式和走马转角式等。

撮箕口式吊脚楼

土家族吊脚楼 113

四合水天井式吊脚楼

钥匙头式吊脚楼

走马转角式

咸丰吊脚楼较典型的是撮箕口式，正屋五柱二骑排扇、厢房三柱二骑排扇。

穿斗架构件

冲天炮

土家族吊脚楼不同于西南地区其他少数民族的吊脚楼，它是正屋带厢房的井院建筑形制。

而"冲天炮"则是土家族吊脚楼正屋和厢房在构造上能否完美结合的关键，它的创造设计能够充分展示土家族大木匠师的高超技艺。

板凳挑

板凳挑一般只在正屋前方使用，能加深屋檐的出挑，增大檐下的使用空间，因板凳挑做法有其自身所独有的结构形式，万桃元又把它称作"白马亮蹄"。

板凳挑

踩檐冲脊

指通过提升中柱和檐口高度，使屋面形成富有规律的曲面。这种做法能增加建筑美感，并起到防止滑瓦的作用。

踩檐冲脊

升山

是指中排排扇柱高保持不变，山排排扇升高，冲天炮柱同时升高且高于山排排扇，从而使房屋屋脊形成一条优美曲线。

土汉融合

土家族吊脚楼由正屋和厢房组成；

而西南地区其他少数民族的吊脚楼都只建成单体，一般不带厢房。

沿厢房三面（或者两面）兜转，这叫作"签子"或"走栏"，"走栏"和覆盖"走栏"的"丝檐"是土家族吊脚楼的最大特色。

万桃元师傅倚靠在"龛子"的走栏上眺望远方

"龛子"，它是整个土家族吊脚楼的造型特色所在。所谓"龛子"，就是附有两到三面走栏和走栏之上盖有"歇山顶"的厢房。

由此可知，土家族吊脚楼是结合了汉族建筑的合院风格和西南少数民族建筑的木构技艺的干栏式建筑集大成者。

一方水土

◉ 蒋家花园

蒋家花园位于咸丰县甲马池乡新场集镇，建于清末，由当地富绅蒋克勤到武汉请人设计，远近100余名工匠历时三年建成的庞大建筑群。虽时隔百余年，这座鄂西最大的标准对称性吊脚楼花园建筑，仍在向人们展示着当年的显赫和威仪。

蒋家花园占地总面积4800平方米，建筑面积2920平方米，原有房屋129间、天井5个、花园2个，整个建筑大气恢宏，既有北方汉子般的粗犷线条，细节处又透露出土家妹子般的温婉、秀美。

进门对面排房正中的戏台，坐北朝南，檐高扁宽，东西两排大厢房一左一右，拱卫着北面的戏台。

中间围出一方天井用青石铺就，白天阳光铺洒，晚来星泽流淌，正是看戏的好位置。

天井中部上方原有一廊桥，连接两边厢房的二楼，形成南北两厅，男宾女眷分厅而坐。

花园正面左右各有一条通道，各有两道朝门，盛时还有枪兵把守。

全盛时的蒋家财富无数，官宦辈出。

古朴静雅的土家吊脚楼

严家祠堂

位于湖北咸丰尖山大水坪的严家祠堂,建于清光绪元年,占地面积736平方米,为土木结构四合院。

主体建筑分门厅、亭台、正殿三部分。

门厅三间,是族人笙乐聚会和就餐之所。

正殿是祭祀之堂,设严氏祖宗牌位座龛,上悬"敬宗收族"金字匾额。

殿左侧立族规、戒律、创建祠序石碑二块,两旁穿枋照面有"千里走单骑""三堂会审"浮雕。

亭台置于天井之中,天井中央有一菱形水池,由八块石板、八根石柱砌筑而成,池壁云纹装饰,上刻"家训十六条",是家族教育的重要场所。

按"山管人丁水管财"的格局,祠堂内修建这个水池,既主财,又可预防火灾。

亭中二柱是青石狮雕,左为狮子滚绣球,右是大狮戏小狮。狮下石座刻有"孟中哭竹""武松打虎""单刀赴会"等故事画面。

亭台前有镂空雕刻盘龙石,雕有九条神态各异、栩栩如生的飞龙,有"鲤鱼跳龙门""二龙抢宝""三龙戏水"等,形态逼真,体魄雄健,一舞爪一回首,仿若遨游在碧波云海之中。

唐崖土司城址

唐崖土司城址位于湖北咸丰唐崖镇,为明代中后期至清初的遗存,原址占地100多公顷,比北京紫禁城还要大。

土司城也历来被民间尊称为"土司皇城"。

从唐崖河码头的青石板路拾级而上,帅府、官言堂、书院、存钱库、左右营房、跑马场,花园、万兽园等无一缺失;毗城,大寺堂、桓侯庙、玄武庙等各据一方。

全石仿木结构的石牌坊矗立在唐崖土司城的中央,为亭阁式斗拱建筑,正面阴刻"荆南雄镇",背面书"楚蜀屏翰"。

两面还有"土王巡游""渔樵耕读""云吞雨雾""哪吒闹海"等浮雕图案。

"哪吒闹海"图更是罕见：哪吒手持混天绫，右脚踩在正欲跳出水面的鲤鱼之上。图中将"龙"改为"鱼"，避免了对皇帝的不敬，在全国已知的建筑寓意图案中，仅此一例。

唐崖土司城址于2006年列入第六批全国重点文物保护单位，于2015年7月列入《世界遗产名录》。

唐崖土司城

一段历史

⊕ 源起

吊脚楼的历史非常悠久，当人类还处于久远的原始社会，吊脚楼就作为最古老的民居，以其独有的方式登上了人类历史舞台。

据说华夏族人的远祖有巢氏仿鸟筑巢，教会了人民在树上搭建草巢，古华夏人才能够避开风雨和野兽的侵扰。

河姆渡遗址博物馆

河姆渡人干栏式民居遗址

　　早在距今7000年以前，河姆渡人又建造起干栏式民居，古越之地应该是一个水汽氤氲的地方，干栏巢居可以帮助河姆渡人抵御潮气和湿热。

　　后因战乱或瘟疫，一部分古越人不得不选择离开，顺着大江一直向中游、上游迁徙，有一支来到了嘉陵江流域，慢慢演变成巴人的先祖。

　　巴人于夏朝时建巴国，国都夷城，也就是今天的湖北恩施。

❖ 入住巴楚

从吊脚楼落户巴楚之地算起,距今至少也有2000多年的历史。最初的时候,吊脚楼是巴人后裔——土家族人的专利,但随着时间的推移和历史的演变,吊脚楼不再为土家族所专有,其他民族如苗、瑶、侗、布依等民族也住进了吊脚楼。

历代朝廷对土家族实行屯兵镇压政策,把土家人赶进了深山老林,其生存条件十分恶劣,加上少田少地,土家人只好在悬崖陡坡上修建吊脚楼。《旧唐书》说:"土气多瘴疠,山有毒草及沙蚤、蝮蛇,人并楼居,登梯而上,是为干栏。"

吊脚楼源于古代的干栏式建筑,多为木质结构,早先土司王严禁土民盖瓦,只许盖杉皮、茅草,称为"只许买马,不准盖瓦"。一直到清代雍正十三年(公元1735年)"改土归流"后才兴盖瓦。

❖ 现代吊脚楼

如今,吊脚楼最集中的地方在"大武陵文化沉积带",地理范围大致包括湖南的湘西自治州和怀化、湖北鄂西自治州、贵州铜仁和黔东南自治州,以及重庆东部的几个少数民族自治县。

2008年3月,重庆黄花园大桥的桥头立起了一幢现代版吊脚楼——重庆江北招商楼。依据陡峭的斜坡,通过错位和叠加,建筑师们打造出了自透、架空的平台。

人们凭栏远眺,好不惬意,仿佛身临山水间的吊脚楼;顶部钢结构和透明玻璃幕墙又让人切身感受着现代城市的文明。

2011年,土家族吊脚楼营造技艺正式列入国务院颁布的《第三批国家级非物质文化遗产名录》。

有着"巴楚活化石"美誉的吊脚楼,犹如一面多棱镜,多层次、多侧面、多角度地反映出土家族的历史发展、文化形态和创造才能。

一袭传统

厢房文化

《儒林外史》第六回："媳妇住著正屋，婆婆倒住著厢房，天地世间，也没有这个道理！"

中国传统的建筑文化是重视正屋的，而土家族吊脚楼的建筑却是例外。

吊脚楼大都依据山势而建，在与正屋地面平齐的高度上支起木架搭建厢房。

厢房别致浪漫，是整个土家族吊脚楼的造型所在。屋顶正脊两山头加瓦起翘，在视觉上形成一条弧线，给人端庄、雄健的感觉。

厢房楼下四面没有墙，用来堆积肥料，也可以临时拴牲口，而楼上却风格迥异，一般是闺女做鞋、绣花或乘凉的地方。

大型浮雕"东南第一功"，记述了土家族厚重的历史文化

吊脚楼一般设有走廊，走廊栏杆的吊柱雕有金瓜或荷花，看上去刚柔相济，和谐而优美。

走廊外用镶花栏杆做成"美人靠"，远远望去，我们仿佛看到《西厢记》中崔莺莺斜倚在精美栏杆上的秀美身影。

◉ 布局活化

吊脚楼二楼出挑，看去"头重脚轻"，有不稳定感，但同建在实地上的正屋连在一起时则互相呼应，使整个建筑物轻重协调，形态庄重，富有弹性和节奏感，给人一种粗犷洒脱、淳朴深沉的艺术美感。

吊脚楼有的背山占崖，居高临下；有的沿沟环谷，生动活泼；有的依山顺势，层叠而上；有的绕弯淄脊，错落有致。从整体布局看，吊脚楼属不规则弹性组群。

还有的吊脚楼雄踞山巅，气势壮观，仿佛就像一只只展翅高飞的雄鹰，翱翔于山岭之中，虽是静物，却使人感到极强的动感。

融入自然的土家族吊脚楼

土家族吊脚楼与周围环境更融合、更亲密,从而使房屋、人与宇宙浑然一体,密不可分。

　　这些吊脚楼多依山而建,山势的蜿蜒起伏也常常使人产生视觉变幻的效果,领略到"山重水复疑无路,柳暗花明又一村"的意境,我国园林建筑中"借景"手法正是采用了这种类似效果。

"上一步，望宝梁，一轮太极在中央，一元行始呈瑞祥。上二步，喜洋洋，'乾坤'二字在两旁，日月成双永世享……"村子里又响起土家人盖房上梁的贺词。

合理巧妙的布局，使得吊脚楼形成了"占天不占地""天平地不平"的空间效果

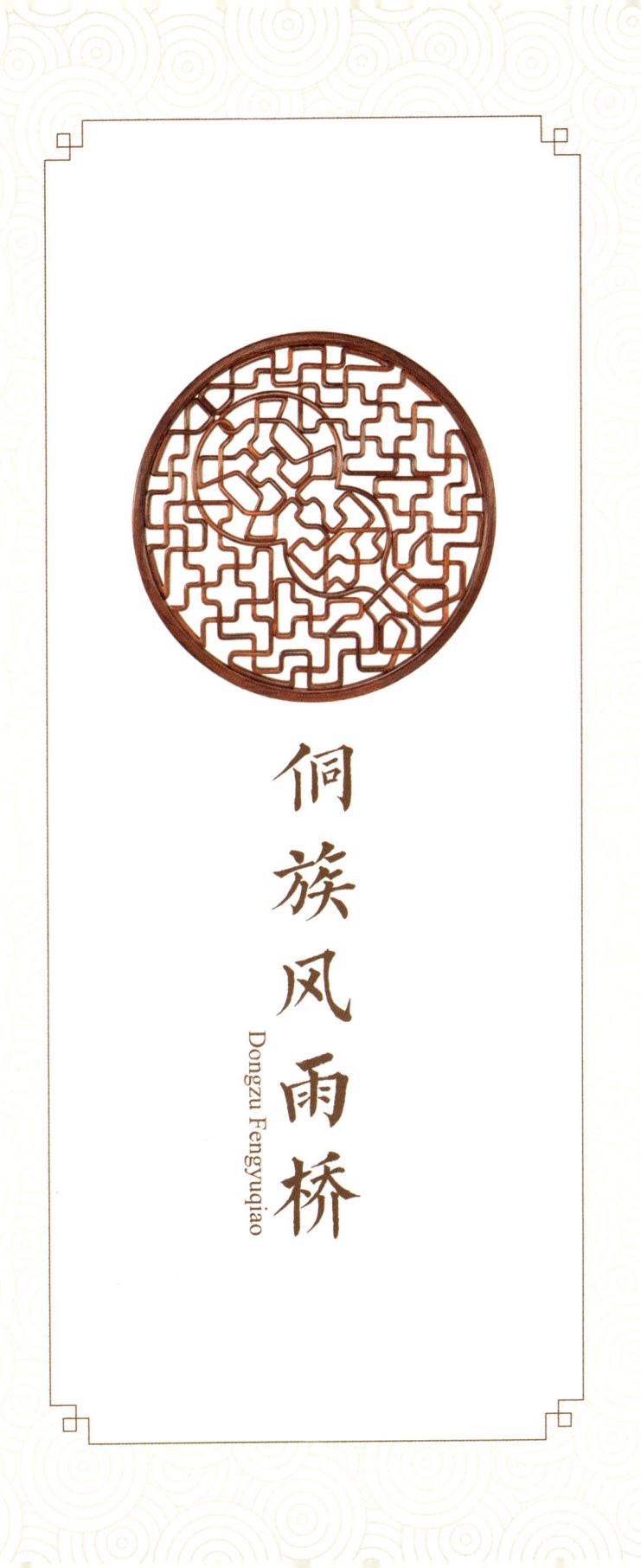

侗族风雨桥
Dongzu Fengyuqiao

一件作品

风雨桥

风雨桥又称花桥、福桥，流行于南方部分地区，整体由桥、塔、亭组成，整座桥除了石墩外，全部用木材榫卯嵌合建成。桥身以巨木为梁，桥面上铺有长长的木板，桥两侧设有栏杆、木凳，桥顶覆瓦，构成了长廊式走道，所以有些地方称其为廊桥。因为行人过往能躲避风雨，所以侗族地区将它称为风雨桥。

风雨桥又叫福桥，是侗族村寨的神圣建筑，许多风雨桥内都设有神龛，供奉神像，侗寨居民常到桥上烧香祈福。

三江平流赐福桥外观

三江平流赐福桥内部结构

侗族风雨桥多建造在村头寨尾的水口处,这里是风水的天门,有"堵风水、拦村寨"的作用,其选址很像南方汉族地区风水塔,与汉族的风水学原理类似,甚至有些风雨桥直接被命名为培风桥。

风雨桥通常由桥、塔、亭组成,桥面上的塔、亭飞檐翘角,雕龙画凤,塔顶一般有宝葫芦、千年鹤等吉祥物。

一座座庞大宏伟的风雨桥身处侗乡,横跨溪河,傲立村头,一面保护着寨民,一面向过往的行人展示自己的风采。

程阳风雨桥

赵州桥、泸定桥、程阳风雨桥和罗马尼亚的诺娃沃钢梁桥合称世界四大历史名桥。

程阳风雨桥又叫永济桥、盘龙桥,位于广西三江侗族自治县林溪乡,是一座四孔五墩伸臂木梁桥。

桥、亭、梁三者浑然一体,宛如一座长廊式高层楼阁。

中亭为四层六角宝塔式楼阁,东西四座楼阁分别为两座多重攒尖顶四角宝塔寺楼阁和两座多重歇山顶楼阁。

五个楼亭集侗族鼓楼三种基本造型于一身,体现古代百越干栏式建筑和汉

程阳风雨桥外观

程阳风雨桥内部

赵州桥

泸定桥

族宫廷式建筑的交流与融合，楼、亭、桥、廊的艺术装饰具有典型的侗族艺术风格。

河面上粗壮的石墩承载着木结构楼阁，桥长77.76米，桥道宽3.75米，高11.52米，石墩木面翅式桥型，桥梁采用简支托架法，用吊脚悬柱大小条木穿斗式组合。

墩台上建有5座塔式桥亭和19间桥廊，亭廊相连。桥中亭子飞檐高翘，桥的壁柱、瓦檐雕花刻画，棚顶瓦片坚硬结实，覆盖严密，木质表面都涂有防腐桐油，久经风雨仍不变色。

◈ 一份礼物——同心桥

1997年香港回归祖国前夕，广西壮族自治区政府为香港特区准备了一份贺礼——以境内的程阳风雨桥为原型制作的大型木雕"同心桥"模型。

程阳风雨桥是国家级重点保护文物，是侗寨风雨桥的代表作。横跨林溪河两岸上百年，是目前历史上规模最大、保存最完整的风雨桥，是侗族劳动人民智慧的结晶，也是中国木作建筑史上的一块瑰宝。

"同心桥"严格按照程阳风雨桥比例制作，长2.5米，连同底座高2米，重约5吨，所用大小构件上万个，也与程阳风雨桥相符合，最长的构件长2米多，最短的只几毫米。桥分3层，底座为红木桥墩，中层为桥身，上层5个桥亭。中亭巍峨，侧亭端庄，整桥木结构，均为榫接，底座雕有9条竞渡龙舟和9只壮族绣球，极富民族特色。桥亭上的"瓦片"小如米粒，多达10万多片，全部是用手工一刀一刀刻出来的。

这些大大小小的构件，一一榫卯组装，制作成了"同心桥"。

以程阳风雨桥为原型制作的模型"同心桥"代表了祖国内地与香港特别行政区"永结同心"。

一位有缘人

杨似玉从事侗族木构件建筑营造40多年,在广西三江很多地方都有他的作品,并且国内很多景点、纪念馆都留有他的风雨桥、鼓楼、民间木楼、戏台等建筑作品。其中仅风雨桥鼓楼模型就有2680座,这个数字随着岁月的推移还在增加。

❁ 大师成长记

杨似玉家就在离程阳风雨桥边不远处的一座两层木楼上。出生在一个"工匠世家"的杨似玉,从小受着"木"的熏陶而长大。

杨似玉还记得,自己十二三岁就开始跟随父亲学做木工。最开始是学用斧头来劈木材,要么不懂握斧头的手势,要么不懂顺着木材的纹理劈,所以他没少挨父亲骂。当他花了一个多月学会了使用斧头,又尝试着学做成型的木器,首先做的是木板鞋,做好了穿在自己脚上,喜滋滋的,小有成就感。然后给全家每人都做了一双,得到夸奖的同时也增加了自信心。接着,他开始学做木桶、织布机、纺纱机等复杂的木器。如今家里仍在使用的一个木桶就是他当年学徒时所做,用了40多年,依然耐用美观,堪称家里的一件"老古董"。

❁ 令专家折服

程阳风雨桥是杨似玉爷爷杨富堂领衔建造的,建成时桥身长77米多,宽3.7米,桥下有5座石墩,桥上有廊和亭,既可行人,又可避风雨。但桥面离水面较近,到了1983年,一场大雨酿成洪灾,程阳桥桥墩被洪水冲毁大半。一支由桥梁专家组成的工程队很快来到这里准备重修，他们将廊桥的部件标记后逐个拆下，但拆下容易，再拼装起来却难了。程阳风雨桥大小部件有万余个，即使丢弃了一些腐烂的部件，拆下的木头还是堆成了小山，专家个个挠头发愁，最后慕名找到杨似玉和他父亲杨善仁求援。

根本不用画图纸，杨似玉等人只用10天时间，就将建桥用料全部备齐。梁、枋、柱的尺寸全凭心算，斜穿直套，纵横交错，一丝不差。根本不用看标记，杨氏父子指挥建筑工人这根放这，那根安那。当程阳桥被抬高2米多后恢复旧貌时，专家的重建图纸还没画好。一时杨氏父子名声大震。

为香港送礼

1997年香港回归前夕，自治区政府决定以程阳风雨桥为原型制作同心桥模型作为贺礼送给香港特区，选定了几个人开始制作，杨似玉了解信息后主动请缨，工作人员答应让他试试。

当时离交作品时间只有二十几天，杨似玉发动家人一齐上阵，包括75岁的父亲和十几岁的孩子，还有两个堂弟。

14个人二十几天终于按时完工，模型和真桥构造完全相同，全桥构件9800多件，桥顶上手工刀刻的瓦片小如米粒且多达十多万片。

几家制作的同心桥放在一起比较评选，最终杨似玉的作品胜出。

在香港回归前夕，"同心桥"打包后装上卡车运往香港，杨似玉一路跟随至深圳海关。为了防止意外，他把自己估计可能在路途颠簸中掉下的零部件，全部另外做了一个，装了满满两个大口袋。

到了深圳准备过海关的时候，杨似玉急切地要求打开包装检查"同心桥"，确保完整地送到香港，待拆开包装，看到"同心桥"一个构件都没散落时，杨似玉长长地舒了一口气。

一门手艺

传统的风雨桥营造技艺以手工生产方式为主要特点，造型优美，做工精细、结构复杂，全木结构，榫卯拼接，不使用一钉一铆，具有固定的模数和施工工艺体系。桥廊构架采用传统穿斗架式，桥亭顶部造型多以重檐歇山、重檐攒尖顶为主。

位于浙江温州的传统风雨桥——泰顺廊桥

建造仪式

福建、浙江一带谷深涧险、溪流纵横，造桥文化经历了900多年的积淀，形成了一个固定的仪式和流程。

在湖南、贵州、广西的一些侗族地区，风雨桥的建造仪式和基本流程与福建、浙江一带的廊桥建造仪式大致相同。

从开工到竣工，一般都要经过八道大的程序：择日动工、挑选喜梁、祈祭河神、上梁喝彩、取币赏众、踏桥开走、上喜梁福礼、完桥福礼。旧时会多一道工序：安置神龛。

2014年12月27日，湖南省绥宁县上堡古村重建风雨桥时，就是完全按照这八大原始工序进行的。

国家级非物质文化遗产代表性传承人——掌墨师杨似玉，带领大家走完了这一流程。

他同伐木工人一道，备上香火、红烛、白酒，日出前上山，在事先找好的喜梁前摆好香案，将喜梁周边的杉木都系上红布条，等待吉时。

喜梁必须"合族而生",不可独活,簇拥在杉树丛中,树干笔直,树龄在二三十年以上。

吉时一到,鞭炮齐鸣,掌墨师扬起斧子砍在喜梁上,每一斧都伴着大声诵念:吉时、吉位、长命富贵、人丁兴旺等,众人齐声附和、喝彩,随后木工将梁锯下,并在倒下的大梁下垫上圆木,避免着地。

掌墨师拿出鲁班尺,测算长度,按长度取材,砍下多余树干。

董事在梁上系上红绸带,鞭炮声中,工匠们口念号子,协调脚步节奏,将梁木抬上车运到河边。

墨斗"哗啦啦"从梁上拉起,粗糙的拇指食指掐起墨线,轻轻一弹,滑溜的树干上便留下了黑色清晰的墨线。

工匠们趁湿刨木,将树皮和木屑丢进廊桥所在的河水里,祈求河神庇佑。

整个过程不苟言笑,任何随意坐卧、跨越木头的行为,都是被禁止的。

在工匠们眼里,梁木是神圣的,这是一根始终不能着地的木头,从山中被锯下到上车拉至河边,直至架上河面。

一般选择树干笔直、树龄在二三十年以上的杉树做风雨桥的梁木

建造人

木匠的最高目标是成为掌墨师,从学徒到掌墨师得经过一个漫长的过程,并且需要各方面的条件成熟了才能达成这个最高目标。

首先,掌墨师需要具备识别木材技能,还要在整个建造过程中合理使用木材。例如在漫山的丛林中发现一根梁木,鉴别它的材质、长度、粗细等,是掌墨师必备的能力。

其次,需要有高超的计算能力和良好的记忆力,在没有图纸的情况下,掌墨师要在脑海中对建筑物进行测量勾画。比如梁柱之间的比例、斗枋之间的衔接等都要做到"胸中有丘壑"。

再次,掌墨师要熟练木艺与榫卯,在竖屋立楼时,除了木槌不借助其他工具。现场取一"高杆",就能快速、准确地测定房屋的部位、高矮、大小,掌握房屋的水面和角度。这是真正体现掌墨师本领的地方。

最后,掌墨师还要熟悉侗款、侗书以及建筑方面的各种禁忌与习俗。侗款是侗族特有的、约定俗成的民间组织,乡民们自觉遵守约定俗成的习俗,形成了一致的礼节、风气等。

侗书是写有代表"左、右、中、上、下"五个排列符号的小竹片,这五个简单神秘的符号代表一根柱子、一块枋子的全部数据,掌墨师就是凭借这五个符号,二进制排列组合,将一座鼓楼、一架风雨桥搭建起来。

培养木匠不易,培养一个掌墨师更不易,他们不仅是侗族建筑技艺的传承人,还是侗族文化的传承人。

一方水土

程阳八寨

程阳八寨景区位于广西壮族自治区柳州市三江县境内,是广西著名的侗族民族风情旅游景区。景区由程阳村的东寨、平甫、吉昌、大寨,平岩村的马安、平寨、岩寨、平坦八个自然村寨组成。上万侗族人世居于此,创造了丰富多彩、灿烂辉煌的侗寨文化。

环境优美的程阳侗寨

程阳侗寨的特色美食与手工艺品

中国历史学家、文学家、考古学家、诗人、社会活动家郭沫若塑像

这里，有原生态自然古村落景观，被称为"世界楼桥之乡"。程阳八寨景区拥有2000余座吊脚楼、8座鼓楼、5座风雨桥，拥有中国最大侗族木构建筑博物馆的美誉，举世闻名的世界四大历史名桥之一的"程阳风雨桥"就坐落于此。

郭沫若先生曾题诗赞誉程阳风雨桥："艳说林溪风雨桥，桥长廿丈四寻高，重瓴联阁怡神巧，列砥横流入望遥"。程阳风雨桥集桥、廊、亭于一体，合实用、审美、信仰于一身，是侗乡造型最美、传颂最多、民族特色最浓郁的风雨桥。

国家非物质文化遗产——侗族木构建筑营造技艺在程阳八寨得到了很好的传承发展，这里的侗族工匠身怀绝技，他们不用图纸、不用铁钉，代代构造的古老侗寨，走过风雨，历经千年仍然向世人展示最华丽的身姿。

三江鼓楼

三江鼓楼地处浔江河畔，是三江县四大标志性建筑之一。2002年6月动工，11月建成，耗资170多万元。由三江有名的侗族民间工匠杨似玉主持修建，是三江侗族自治县成立50周年大庆的重要献礼工程。被誉为"侗乡第一鼓楼"。

三江鼓楼总高42.6米，共有27层瓦檐。

鼓楼内部第一主柱树龄208年，第二主柱树龄206年。这在鼓楼建筑史上是仅有的一例。

为增强观赏功能，鼓楼内部设有四处观景台，较高一层观景台位于25层。

在鼓楼的基座石上，雕刻有反映侗族抢花炮、打油茶、踩歌堂、斗鸡斗鸟、养蚕织布等日常生活场景的浮雕，画面栩栩如生，乡土气息浓郁，处处展示出侗族民族悠久的历史文化和侗族工匠高超的建筑技艺。

三江鼓楼

侗乡鸟巢

不同于北京的钢结构鸟巢，侗乡鸟巢全木结构，2010年被列入上海大世界基尼斯之最。鸟巢位于三江鼓楼对面，占地面积6000平方米，直径88米，高29米，四周屋檐的牛角上站有上千只鸟的模型，像百鸟归巢的形态。

三江鸟巢最受欢迎的是晚上坐在中国首创的圆形木质结构的观众席上，观看《坐妹》演出。

侗乡鸟巢

"坐妹"是侗族青年男女一种交际和恋爱的活动方式，青年男女在劳动之余，三五成群，相约在坡上、树下对唱情歌。

鼓楼坪上飘荡着他们动人的歌声，风雨桥下流淌着他们甜蜜的情语。

《坐妹》是广西三江县中国侗城与湘、黔、桂三省（区）侗族地区联合打造的侗族大型风情实景演出，由侗乡鸟巢文化有限公司投资7000万元倾情打造。

舞台上姑娘们结伴在屋中纺纱、做针线，客寨青年男子携带乐器前来伴奏对唱。通过唱歌，互相倾吐爱情，情深时，男女换记（送礼物）定情，约为夫妻。

整个演出过程隆重而浪漫。

演出通过"侗族大歌""喊姑娘""闹姑娘""坐姑娘""赶坡节""多耶团圆"六个篇章，展现舞台上鼓楼、桥、吊脚楼等不同场景的变化。

现代高科技舞台效果与侗族传统舞蹈风格融合，将中国300多万侗族同胞最具代表性的建筑文化、饮食文化、服饰文化、歌谣文化、器乐文化以及侗族人物传奇和侗族的历史，以浓缩的内容和具体的模型实物向世人展示。

一段历史

我国的桥梁，大致经历了创始期、发展期、鼎盛期和饱和期四个发展阶段。

❀ 创始期

以西周、春秋为主，此前的历史时代，桥梁除原始的独木桥和汀步桥外，主要有梁桥和浮桥两种形式。

如公元前1134年前后，西周在渭水架有浮桥。

据说是周文王为了娶亲而临时搭建的。整座桥是把数十艘船绑在一起，并在船上铺上木头，靠近河岸的船，则用绳索固定在两岸的木桩上。

古代浮桥

❀ 发展期

战国时期石料在建筑上的多方面利用,使桥梁脱离了之前的全木结构,在原来的基础上,增添了石柱、石梁、石桥面等新构件。

这一时期规模宏大的木梁石柱桥,当属修建在渭水上的渭桥,始建于战国秦昭王时期。

秦汉时期是我国建筑史上可圈可点的一个阶段,这时人类发明了建筑材料砖,创造了以砖石结构体系为主体的拱券结构。

"秦砖汉瓦"熠熠生辉,不仅对造桥有积极意义,其光芒映照着整个人类建筑史。拱券结构为后来拱桥的出现创造了先决条件。

❀ 鼎盛期

隋唐国力比秦汉更为强盛,唐宋两代又长时间处于安定统一的和平年代,工商业、运输交通业以及科学技术水平等都迅猛发展。

拱券结构石桥

东晋以后，由于大量汉人贵族官宦南迁，经济中心南移，使东南水域地区的经济得到长足发展，桥梁也随之大发展。

隋代著名的桥梁包括石匠李春所创赵州桥、隋唐皇都洛阳的天津桥、北宋时泉州万安桥，南宋时广东潮州的湘子桥等。

赵州桥首创敞肩式，主拱券并列28道，等厚1.03米，净跨37.02米，在主拱券上两侧，各开两个净跨分别为3.8米和2.85米的小拱，以排泄洪水，减轻自重。桥面呈弧形，栏槛望柱，雕刻着龙兽，神采飞扬。

类似的桥在世界别的国家中，晚了7个世纪方才出现。

湘子桥即广济桥，是中国现有四大古桥之一，在广东省潮州城东门外，横卧在滚滚的韩江之上，全长500多米，东岸桥墩13座，西岸桥墩11座。桥中间由于水流湍急且深，不能建桥墩，只能用18只梭船并排构成一列横队，用铁索连成浮桥。每遇洪水或要通船，可解掉系船铁索，移开梭船，变成开闭式浮梁桥。这就是"十八梭船廿四洲"的由来。

潮州湘子桥

◎ 饱和期

元、明、清三朝，桥梁发展达到饱和，几乎没有什么大的创造和技术突破。这时的主要成就是对一些古桥的修缮和改造，并留下了许多文献资料。

值得一提的有明代建造的位于江西抚州南城的万年桥、贵州晴隆的盘江铁桥等艰巨工程，同期在川滇地区出现了不少索桥。

万年桥位于江西抚州市南城县城东北六里的歇洋渡，横跨在盱江上，桥长410米，宽5.8米，高20米，共有23孔、24墩，江西省省级文物保护单位，为闽、浙、赣三省重要通道，是江西省现存最长的石拱古桥。

该桥雄伟坚固，造型精美，与同为省级文物保护单位的聚星塔交相辉映，被誉为"南城八景"之首。

盘江铁桥即铁索桥，世称"滇黔锁钥"，位于贵州省关岭、晴隆二县交界的北盘江渡口。

明崇祯元年（1628年）始建，3年完工。桥身由铁链33根组成，两端贯于岩石之中，桥面为平列的24根铁链，铺上铺垫木方，左右两侧各塑排6根铁链为栏杆扶手，十分壮观。

盘江桥两岸悬岩峭崖，气势险雄。崖壁上留有古人的摩崖石刻和造像，"八仙"之一铁拐李的摩崖造像下常年香火不断。徐霞客云游此间也慨叹不已。

位于江西省抚州市南城县城东北武岗山下的万年桥

盘江两岸悬崖峭崖，气势险雄

一袭传统

◉ **承载爱情**

1995年的美国电影《廊桥遗梦》讲述了廊桥畔短暂的浪漫缠绵的爱情,其实早在我国唐代就有诗人刘禹锡诗曰:"曾与美人桥上别,恨无消息到今朝。"

杭州西湖有三座爱情桥。

第一座是众所周知的西湖断桥,见证了白蛇和许仙的相识相恋。

西湖断桥

第二座是西泠桥，一座跨湖单孔石拱桥，桥西北堍有苏小小墓。苏小小才貌俱佳却与爱人难成正果，苦等不至。后遇到与恋人长相颇似的贫寒书生，慷慨解囊助其赶考，书生衣锦还乡想要回报苏小小时却只见其棺木，扶棺痛哭为她送葬并亲撰碑文。

西泠桥

相传宋朝时，钱塘书生王宣教与女子陶师儿相爱，但为陶母所阻，眼看美好姻缘难成，俩人月夜双双跳下长桥，故长桥又称双投桥，便是西湖第三座爱情桥。

长桥

南方少数民族地区的风雨桥又称为"花桥"

还有祝英台女扮男装与梁山伯结拜金兰的草桥；令徐志摩魂牵梦萦，寄托对林徽因一片深情的康桥……

"迢迢银河暗渡"，就连牛郎织女两颗星宿的相会都要靠喜鹊成群飞来搭桥才能得以实现。

美国电影《魂断蓝桥》(Waterloo Bridge)，译名"蓝桥"借用了《庄子》中"尾生抱柱"的故事。尾生与心爱的姑娘相约蓝桥下，姑娘没来，大水却涨了，尾生坚守信约，抱紧桥柱不肯离开，最终溺亡在蓝桥下。

我国南方的少数民族风雨桥因为男女常约会桥上，所以又称为"花桥"。

侗族风雨桥

引渡灵魂

在中国传统的观念中，人死后都要经过奈何桥。关于奈何桥，一说因地府有河名为奈河，另一说正好对应人在离世时对世间未了心愿的无可奈何。

《酆都宗教习俗调查》一书对奈何桥有过详细的描写："桥分三层（或三座），善人的鬼魂可以安全通过上层的桥，善恶兼半者过中间的桥，恶人的鬼魂过下层的桥，多被鬼拦往桥下的污浊的波涛中，被铜蛇铁狗狂咬。"

这里是划分前生后世的界线，在桥上喝下孟婆汤后离去，前世的一切记忆不复存在，可以去投胎转世重生了。

奈何桥是连接阴阳两界的端口，是人死后由阳间通向冥府的必经之地，同时死者的亡魂想要脱离阴间，转生到阳世也要通过这里才能得以实现。

从这个意义上来说，生命与死亡的交替和转化，是以桥为中介来达成的。

侗族风雨桥也曾被看作灵魂引渡、生死转换的媒介，传说一座桥是要有灵魂守护的，这样才能有阴阳相通的能力。

所以在旧时的习俗中，作为公益性的修桥就是"修阴功"，就是积阴德，可以让自己在死后抵消生前过错，减轻处罚，也能够在下一世生活得幸福美满，甚至在这一生就能够实现心中的愿望。

侗族的风雨桥，今日大多也已远离了旧日的文化含义。

风雨桥不再设神龛，也不再更多关注信仰，成了当地人的日常公共空间。行人到此歇脚、闲者在这观景，情侣桥上对歌谈情，妇女们桥头一边纳凉一边售卖织锦和刺绣。

新桥作为交通设施或景观，也不再想得起魂灵引渡的故事。

成为景观

桥梁，是道路的延伸，是抵达彼岸的捷径。

中国自古就有"桥的国度"之称，遍布神州大地的各式桥梁，编织成连接着祖国四面八方的交通网络。

一座美观的桥梁更是一道亮丽的风景线。

桥头石狮、各式吸水兽，桥柱上的狮子、麒麟、大象石雕等各具不同的地方特色。

在"仙女下凡地"的江西新余市境内，有一座万年桥，10个桥墩均由千枚岩石垒砌而成，每座桥墩上都刻有粗犷强悍的吸水

桥与湖形成的绝美景观

兽，吸水兽又叫蚣蝮，传说是龙生九子之一，一口吸光三江水又可以吐出，有调节水量的能力。

桥北有一尊石雕赑屃，驮着高2米、宽1米、厚0.3米的《分宜县万年桥记》碑。赑屃相传为龙生九子之一，形似龟，力大无比，好负重。

乐平古戏台

Yueping Guxitai

一件作品

◈ **瓮安草塘古戏楼**

瓮安草塘古戏楼坐落于贵州省黔南州瓮安县，是乐平古戏台营造技艺传承人胡发忠以江西乐平传统戏台"晴雨双面台"为原型加以改良设计建造的。

该戏楼以木构架为主，全榫头连接，用料硕大，通体显得恢宏壮美，是世界上最大的砖木结构古戏台。

它也是2017年入选上海大世界基尼斯总部"基尼斯世界之最"的戏楼。

古戏楼建筑面积4600平方米，共4层，高38米，总共用了大小古构件200多万件。

瓮安草塘古戏楼

戏楼主体分两部分，正面是面向数万人观看的大型戏台，楼内设置了一个供雨天演出的戏台，因此又被称为"晴雨双面大戏楼"。

草塘古戏楼构思精巧，自然得体，完美地展现了乐平古戏台的风格。

26个翘角配以徽派马头墙使戏台显得古朴大气。

内部梁架上均刻有精美的图案，有山水、花草、人物、走兽等，且雕工精湛，栩栩如生。

古戏楼翘角配以徽派马头墙

❀ 敦本堂

乐平古戏台按不同属性分为祠堂台、万年台、庙宇台、会馆台、家庭台五种类型。

位于乐平市涌山镇车溪村西北口的敦本堂戏台，世为朱氏宗祠，坐南朝北。祠堂前有一口半月形聚星池，周围环境清幽古雅。建筑总占地2000平方米，通面阔30米，通进深65米。

整个建筑分为四进，前进增添一座门面及小院，而后依次牌楼式八字大门、单面戏台，前天井与两侧边廊为二进，再拾三级台阶上檐廊入第三进为正堂，第四进有后天

古戏楼内部梁架上均刻有精美的图案

车溪村敦本堂戏台牌匾

乐平古戏台

井及寝堂、客楼、神位与两边的厢房、陪屋等。

敦本堂戏台始建于清代乾隆丙寅年（1746），五年后落成，咸丰辛酉年（1861）遭焚，同治庚午年（1870）复建，又过了五年才竣工。

1983年，乐平县人民政府将车溪敦本堂戏台列为县第一批重点文物保护单位。戏台现状外观墙体坚固，完整如初，整体和谐有致；内部构架结构稳定，正厅、后堂依旧坚挺。

戏台为歇山顶附两硬山式，重檐双戗角，三间四柱三楼。台长11.2米、宽9.8米、高1.5米，台口净高3.8米。

敦本堂建筑平面功能复杂，规模隆重，气势宏大，戏台精美，是乐平戏台明末清初滥觞时期的代表，被视为古饶、徽二州那种"山高岭密、水急滩险地域特征"戏台建筑的典范，地方特色浓重，是珍贵的民族文化遗产，在江西地方文化中占有重要地位，于1992年被列为乐平县重点文物保护单位。

维修前的车溪村敦本堂戏台

胡发忠请来老师谢师傅为本次修缮画图

2018年，胡发忠带领他的乐平市中乐徽派古建筑修复有限公司团队对敦本堂进行了修复，本着修旧如旧的原则，遵循徽派古戏台特色，对敦本堂墙体、屋面、内部结构等进行全面保护性维修，进一步提高其抗自然损坏能力。

此次修复胡发忠把更大的精力用在了藻井上。藻井，相当于古代的音响设备，除了美观外，更大的作用是聚音。这个圆形十三层的藻井，直径8米，深4米，共2338个构件，四五个师傅拼了整整3天。

藻井的外观是八角形，自上而下层层叠收，乍一看就像一个大喇叭。这种设计不仅为建筑增加了美观性，也具有扩音的作用，这样的设计可以说是巧妙至极。

"一榫一卯、一阴一阳，都用原汁原味的饶、徽派木工来打造，这样修复起来的敦本堂更有当年的风味，才是人们记忆中的古戏台。"

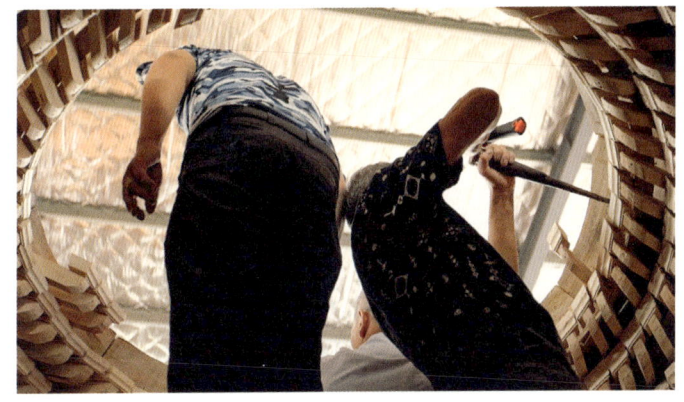

胡发忠带领团队修复戏台的藻井

一位有缘人

✿ 胡发忠

胡发忠，江西省乐平市塔前镇人，从小向父亲学习传统器材的营造技艺，是省级古戏台营造技艺项目非物质文化遗产传承人。16岁从爷爷手里接过古戏台营造这门手艺，40年来，一直从事着古戏台的修建和修复工作。自2005年创办中乐徽派古建筑修复有限公司以来，业务遍及全国各地。乐平洪皓森林公园古戏台、景德镇沿河街古戏台、北京坦博艺术中心和贵州都匀茶博园均出自胡发忠之手，在当地均颇有影响。

国家级古建筑非遗传承人胡发忠

中国国家画院木雕门楼

乐平古戏台

2008年北京奥运会美术大会举办地——北京坦博艺术中心、中国国家画院木雕大门楼受到众多国家级艺术家的称赞与喜爱。

贵州草塘大戏楼获得吉尼斯世界纪录世界最大的木结构古戏台。

2015年承建的贵州省黔南州的中国茶博园古建工程由10余幢古建筑组成的古建群更是巍然壮观，其入口大牌坊长19.2米，高15米，也是中国现存的最大木结构仿古牌坊。

2018年，胡发忠和乐平市政府合作，筹建以古戏台为背景的中国乐平古戏台文化特色小镇。这一年，他又把当地已有300多年历史的敦本堂戏台修缮如新，让曾经灯影婆娑、曲声袅袅的戏台发挥作用，讲述更加精彩的戏曲故事。

中国乐平古戏台文化特色小镇项目是一个集古戏台建筑展示、古建筑材料构件交易、传统手工艺研究与开发、戏剧文化主题式度假酒店、古建筑设计研究、传统手工艺学院、博物馆、美术馆等内容为一体的综合文旅项目。

该特色小镇位于乐平市洎阳街道以北的后港镇境内，计划用地面积5000亩，拟投资总额50亿元人民币，建设工期为五年。

一门手艺

　　在江西乐平,散落着四百多座造型优美、风格别致、气势恢宏的古戏台,乐平也因此被称为"中国古戏台博物馆"。

　　一座古戏台的建造,是由大木工、小木工、锯工、雕工、漆工等通力合作来共同完成的。

造型优美、风格别致、气势恢宏的乐平古戏台

乐平古戏台

🏵 步骤

选址是第一步,一般都要先请人看地,戏台朝向大都是坐南朝北,要考虑防潮、防晒、防风、通风、避邪等因素,达到六合安静。

第二步开工,选择良辰吉日,点上鞭炮,由房股长者和主持、主墨在吉方动第一锹土。有的地方在动土之时,还进行祈福求平安的仪式,希望工程顺利、村坊太平等。

然后是画图,由主墨木工师傅负责绘制工程图。

曾经工程图是画在木板、墙壁上或地下,现在是画在图纸上

工程图主要有正面图、侧面图、地面图、天图、棚图和角图等,以前是画在木板上、墙壁上或地下,现在则使用图纸。

接下来是选料,古戏台木材主要是杉木、构木和樟木等。油梁、狮子枋、月亮枋、狮撑、窗棂、藻井、斗拱等构件均需樟木。

然后根据制图开始施工,石工、木工、雕工各司其职,分头施工。大木工进行木构架建造,小木主要承担门窗,石工主要来做基础、制脊、盖瓦、封墙等工程,雕工主要承担部件构件的雕刻装饰。

精心雕刻

布局

乐平古戏台有赣派建筑几进几出的大格局，形成了独有的建筑风格：均为传统的砖木结构，正面均为牌楼式，三楼五楼不等。

屋脊中央一律插有方天画戟，有的方天画戟插在彩瓷宝顶上，既是艺术造型又是避雷装置。

挺拔的飞檐翘角下悬挂着风铃铁马

屋脊的两端分别饰有造型优美的鳌鱼，正面上方都有极挺拔的飞檐翘角，使整个戏台端庄中又充满豪气。

檐下悬挂着风铃铁马，古人觉得风铃可以祈福驱邪，同时风吹铃响，惊起飞鸟，以免它们在檐下排污、筑巢。

戏台牌楼采古典式样加以雕镂、敷金与彩色，取穿斗、抬梁混合架构辅以抱檩、穿枋等，使得戏台"建筑奇巧复杂，装饰豪华艳丽"。

油梁是一部戏台的上方第一件跨度最大的构件，多用樟木、枫木、松木制成，雄浑粗犷，遍身的龙凤浮雕又显得精美绮丽。

戏台由下部宽大的台基、中部的墙柱结构和上部巍峨的屋顶三部合成，形成庑殿厅堂立面形象。

戏台的墙柱结构

◉ 藻井

戏台天棚中央是华丽的藻井，正中彩绘八卦太极图。

藻井的外观是八角形，自上而下层层叠收，乍一看就像一个大喇叭。这种设计不仅为建筑增加了美观性，也具有扩音的作用。

这样设计的藻井仿佛是一个共鸣箱，能使演员发出的声音向上聚集，变得洪亮且圆润，再将声音反射向各个方向，产生余音绕梁的音响效果。

在旧时没有音响，藻井的精妙设计相当于布置了一个现代的音响系统。

一个戏台的制作水平如何，首先要看藻井的技艺。

藻井有方形顶和圆形的穹隆顶，利于聚拢声音和反射声音，能够提高响亮度和清晰度，也利于改善演员的自我感觉。

因此在藻井的组合上，榫卯严缝十分讲究，不能严得太紧，否则就起不到扩音的作用，但是如果太松，气跑出去了无法聚音，观众也听不到演员们唱的是什么了，所以搭接藻井需要很严谨很细密的工艺，一定要掌握好分寸，得由成熟细致的工匠来操作。

圆形的藻井穹隆顶

建造藻井时要求榫卯的组合松紧有度

一方水土

江西省乐平市洪岩镇，是国家生态乡镇，江西省生态旅游示范镇，南宋名臣洪皓故里。

境内拥有众多自然、生态、人文景观，如鬼斧神工、堪称溶洞四绝的"洪岩仙境"，丹桂飘香、怪石嶙峋，藤穿石、石抱树的"石林峰谷"，主峰海拔近800米的避暑胜地"居山云海"，终年水花飞溅的"铁井飞泉"等。

特色小镇

洪岩特色小镇主要旅游项目包括樱花大道、洪皓故里等。

樱花大道特色性较强，起点接省道S307，终点位于洪岩镇小坑村，全长15.7千米，道路两侧共种植樱花3880余株，主要品种有关山樱、染井吉野和郁金樱等，在三、四月的花期，游客可驱车或漫步观赏。

位于洪岩仙境景区西侧的洪皓故里，有游客服务中心、水上古戏台等景点。

其中游客服务中心是按照国家5A级景区标准建设，采用传统五凤楼结构造型，以古戏台文化为主题特色。

水上古戏台为江西首个吉尼斯滨水古戏台，占地面积超过1万平方米，坐西朝东，沿袭乐平古戏台的传统建制，为大型木结构建筑。是戏曲文化与自然山水景观相融合的特色文化旅游景点。

◈ 洪岩仙境

位于洪岩镇境内，景区分为溶洞和石林两部分。洞内的游览，顺着步道和指示牌步行即可，过了"仙凡界"便明显感到进入清凉世界，瀑布的水流声在洞口也清晰可闻。

洞内比较形象的石景被命名为仙人田、碧螺姑娘、金鸡报晓等。洞内的石壁上有许多细流，最大的水流便是九天瀑布。

由于溶洞深埋在地下，从洞口下到洞里有几层楼高，最后从洞里出来又到了几层楼高的山顶。站在制高点的松漠亭上，放眼望去是青绿的植物和零星点缀的村庄，充满了生命力。下山路上正好游览石林，石林里的树木不大，但数量众多，还有藤蔓缠绕，很有特点。

洪岩仙境是1亿多年前中生代形成的壶天灰岩溶洞，整个景区面积达4万平方千米，洞室面积达10万平方米，洞长2000余米。

洞中石钟乳遍布上下，错落有致，晶莹绚丽，美不胜收，千姿百态，鬼斧神工。

出生在这里的南宋名臣洪皓（太平天国领袖洪秀全为其二十八代世孙），留下"有此乾坤有此岩，谁知仙境在人间"的千古绝唱。

◈ 洪皓其人

洪皓，乐平洪岩镇人，生活在动荡的北宋与南宋的交替年间。北宋徽宗政和五年中进士，却一直官位不显。

南宋高宗建炎三年（公元1129年）二月，掳走徽、钦二帝的金人又奔往高宗赵构所在的扬州。五月，高宗准备迁都建康，洪皓上书劝谏，虽然没能阻止赵构，却引起他的注意，提升洪皓以徽猷阁待制礼部尚书身份出使金国议和。

南宋著名的爱国重臣洪皓

但是金国没有议和的意思,当时使节的处境非常危险。凡出使金国的宋使都被扣留下来,不得返回。

洪皓不惧杀头的危险,威武不屈,被流放遥远的冷山,受尽寒冷与磨难,被人称为"宋之苏武"。

最终他凭借自己的品质与才学幸免于难,并得到金人的尊重,他教授金人读书,许多金人都愿与他交朋友,邀他一起参加婚礼、佛事、劳动生产等。

在金十五年,洪皓掌握了大量的金国资料,对人文、地理、经济、物产、政治制度、历史沿革等都进行了较为全面的考察。

回宋后,洪皓加以追述,其长子洪适、次子洪遵又进行整理,终成今天我们所见的《松漠纪闻》。

被流放遥远的冷山,受尽寒冷与磨难,却并未让洪皓屈服

一段历史

◉ 戏台历史

"戏台"作为建筑最早出现在汉代,后经过不断发展,逐渐固定化、规范化,成为戏曲演出所必不可少的场所。戏台最初称为露台,后来又称戏亭、舞亭等。

《汉书·文帝纪赞》中记载,汉文帝想要建露台找匠人做预算,估价百金,文帝放弃了这一想法。

所谓露台就是露天之台,一座没有顶棚的台子造价就要百斤黄金,一座完整的戏楼所需人力物力就可见一斑了。

汉文帝刘恒

距今发现最早的是宋代戏台遗址,且并无实物遗存,只有 6 通含有"舞楼""舞亭""舞厅""舞庭""献楼"文字记载的碑刻。

现存最早的戏亭代表是位于山西省临汾市的牛王庙戏台,属元代遗构,为木构亭式舞台,单檐歇山顶或十字歇山顶式。

平面呈正方形,三面为墙,一面作台口,属一面观舞台,无前后场之分。

金元时期遗留下的古戏台建筑多数为大屋顶,举架平缓,气势恢宏。单檐,为庑殿顶式或歇山顶式或十字歇山顶式。

元杂剧兴盛发展,戏台也有很大改进。元明时期的古戏台正处于舞楼的风格与后来的成熟戏台的过渡阶段。

明代戏曲演出中有许多两军对打的内容,台面不断扩大,并且有了前后的划分,甚至后台的规模还要大于前台。

古代木构亭式舞台

不断发展变化的戏台屋顶　　　　　江西乐平的祠堂台

　　清代戏曲灿若繁星，古戏台的发展也逐渐走向成熟，工艺更加精湛，数量剧增，遍布中华大地城乡村落。其中分布最广、遗存最多的是神庙戏台，分布在江西乐平的祠堂台就属于这类戏台。

藻井历史

　　先秦时期，由于社会生产力底下，先民只能采用干草、简易的木材或石材来进行满足人们基本生活需要的"居室"营造，因此功能的实用性要远远大于装饰性。

汉代至唐初的"藻井"是指一种简单的天井，方井中绘有倒悬莲花。汉人称之为"平机"或"乘尘"，这两个名称说明了它具有调节室内空间高低、除尘保暖等功效。

汉魏时期，藻井成为建筑中常见的一部分，同时也是汉代宫室之中常见的建筑构件。

魏晋南北朝时期迎来了一次民族大融合和汉文化与外来文化的交融。

这一时期的装饰纹样，一方面继承了汉代的藻井，另一方面则出现了飞天形象和莲花纹等带有佛教色彩的装饰纹样，后来连藻井的形制也受到了外来宗教的影响。

唐代的繁荣使得人们的城市规划意识觉醒，建筑等级规定也越发明晰，藻井成为高等级建筑的标志之一，《新唐书·车服志》中写有"王公之居，不施重栱、藻井"，更别说一般的官员与普通百姓了。

到了宋代，天花已经有了不同的分类：平棊、平闇、藻井，可见藻井与普通的天花已是不可同日而语了。

此时在营造工艺上还有了"斗八藻井"和"小斗八藻井"之分，"斗八藻井"被用于室内天花的中央部位或者重点部位，"小斗八藻井"则用在不十分重要的位置。

明代之后，藻井构造更是烦琐复杂，由最初的实用性完全转变为装饰性，结构造型极尽富丽堂皇、华美精致，顶部中心象征天国明镜的构件被设置得更大，镜中心绘有云龙，镜周放置莲瓣。

后来云龙占有的位置不断被放大，到了清代逐渐改为一条悬在那里雕刻生动的蟠龙，蟠龙口中悬垂吊灯，依然算是原来天国明镜的形式。于是人们便把这种龙为顶心的藻井改称为"龙井"了。

富丽堂皇的"斗八藻井"

一袭传统

❀ 祭典

戏台作为中国戏曲的观演场所，并非一开始就以"台"的方式存在，直到汉代，"戏台"才作为建筑最早出现。

首先，戏台是民众献戏酬神的空间载体，人类最初借此祈求神灵或祖先的保佑与恩赐。

人类最初生活在刀耕火种的远古时代，恶劣的自然环境带来了诸多的灾难，开办祭典、祭祀供品、献歌演舞，向神灵祈福成了人们常用的应对方式。

戏台装饰中的福禄寿三星

山西平遥财神庙戏楼

民众热衷于这种聚会性质的仪式活动后,神庙戏台逐渐形成了。

中国的神庙戏台是戏台类型中时间最长、范围最广、数量最多的一种。

通常神庙戏台设在神殿对面,中间有一大段空旷地带,观众站在这一地段观看戏台上的表演。

攀宗

在中国农村,许多地方几千年来始终保持着氏族宗法血缘传统,聚族而居、同姓一村,这种传统又通过宗谱和祠堂不断得到强调和巩固,戏台的出现也是这种传统的外化形式。加强文化认同与信息交流的重要载体,成为特定的仪式场所。

这些对宗族血缘的看重和依赖，有关宗族的荣耀，小到添丁进口，大到升官显耀，都要通过戏台上的表演曲目将自己的心情向外界释放。

因此，祠堂戏台的兴起是以强大的宗族势力为后盾的，又通过宗族间的互相攀比而不断发展的。

在江西乐平，现存的四百多个戏台中大多都是祠堂台，由此显示出乐平人对宗族血缘的看重和依赖。

✥ 教育

在乐平农村有这样的俚语："三天不看戏，肚子就胀气；十天不看戏，做工夫没力气；一个月不看戏，见谁都有气。"可见乡民戏瘾之重，当地民众喜爱戏剧，也喜欢建造戏台。戏剧内容也教育、娱乐着当地民众。

观看经典戏剧不仅是文化娱乐的体验，更是传统教化的延续

戏曲的内容往往是和人们的心情、所面临的事情及其当时的心境有着密切的联系，比如为家里老人祝寿，戏台上往往会上演《四郎探母》《麻姑献寿》等戏剧。如果家中有人中举，自然戏台演出的是《魁星点斗》了。

江西省地方传统戏剧赣剧，是著名的古代四大声腔之一，被誉为中国戏剧的"活化石"，已列为国家级非物质文化遗产。

《目连救母》《三娘教子》《打金枝》《铡美案》等，这些传唱数百年甚至上千年的经典剧目早已深入人心，也使得乐平400多座戏台笙歌不断、锣鼓相继。

事实上，不论唱戏还是戏台建筑都是文化的传承，唱戏是动态的文化传承，建戏台是把文化凝结在载体上的传承。

楹联

乐平古戏台，大多挂有匾额楹联，文句优美，意境深远。

书法家张保增为张家村戏台挥毫的"要知今事通古事，欲晓世情看戏情"，一语警策世俗，短小隽永浑然天成。

最常见也是最精彩的，如浒崦村戏联：

> 入耳务须平气听，
> 当场顿觉笑颜开。

韩家村戏联：

> 看有味处俨然真，
> 做到浓时总是假。

有些颇有意味，富含哲理，如蚌溪村戏联：

> 金榜题名君欢臣笑空富贵，
> 洞房花烛龙飞凤舞假风流。

界首村戏联：

　　随尔演来无非扬善除浊，

　　自吾听去都是教愚化贤。

不少楹联配有横批，多制成匾额悬于戏台的后壁正中上方。这些匾额多一语双关，既夸赞演出的剧目意趣深邃，又指戏台宏伟精致。如浒崦戏台上后壁匾额"久看愈好"、神溪华家戏台匾额"顶可以"、徐家戏台匾额"百看不厌"等。

徐家戏台悬挂"百看不厌"匾额

江西乐平风光

榫卯传承
Sunmao Chuancheng

一件作品

祈年殿

祈年殿，这座矗立在北京天坛公园内的圆形大殿，是明清两代皇帝在孟春时节登临，祈求天下五谷丰登、万民太平而用的，所以又称祈谷殿。

祈年殿外观鎏金宝顶、蓝瓦红柱、金碧辉煌，彩绘三层重檐。

内部结构比较独特：不同于其他建筑有大梁和长檩，支撑屋顶的是楠木柱和与之榫卯衔接的枋桷。

殿内三十六根楠木柱均为金丝楠木，来自西双版纳的热带原始森林。

祈年殿

柱子数目的设置也颇具特色，据说是按照天象建立起来的。

内围的四根"龙井柱"高19.2米，直径1.2米，因为最高，所以又叫"通天柱"，四根"通天柱"象征一年四季春、夏、秋、冬；围绕"龙井柱"的十二根红色柱子叫"金柱"，象征一年十二个月；外层与门窗相连的屋檐下的十二根"檐柱"，表示一天中的十二个时辰；金柱和檐柱相加的二十四根，表示二十四个节气；三层柱子总共二十八根象征周天二十八星宿。每两根"龙井柱"之间有两根童柱，总八根。殿内柱子总共三十六根，象征三十六天罡。

还有一根隐藏的"雷公柱"，与殿顶的六宝顶相接，象征皇帝的"一统天下"。

雷公柱下端的平面就是殿内顶棚的蟠龙藻井，四周彩绘金描的龙凤和玺图案，是皇家御用的最高等级。

殿内地板的正中是一块圆形大理石，带有天然的龙凤花纹，与殿顶的蟠龙藻井遥相呼应、相映成趣，令人恍若置身仙境天宫。

祈年殿内部结构

祈年殿模型

几年前，位于北京天坛公园的祈年殿，被人以缩小为1/81的方式原封不动地搬到了上海，并在2016世界手工艺产业博览会暨非物质文化遗产保护成果展上获得金奖。

缩小后的祈年殿模型完全具备祈年殿的原有形貌，选材是重木材中的紫光檀，100%的同工位互换，不同之处是将原本瓦做的屋顶和石做的台阶，改成了木做的榫卯结构。

整个模型作品采用纯手工榫卯木作，模型高不足半米，最大直径才0.84米，包含了10万多道工序，7108个零件，却没用一根钉子，没涂一滴胶水。

其精巧之处比比皆是，随意的一扇门，都可以拆分成八个部分；伞状殿顶的瓦楞部分，由83个零件拼接而成，每根瓦楞都由鲁班锁的结构锁定。

"木痴大师"王震华

缩小为1/81的祈年殿模型

最为精巧的还属栏杆部分，每道栏杆都是活的，望柱直接插入槽中即可固定，拆下来的栏杆灵活如链条，这其中包含了整个模型最小的榫卯，只有1.5毫米的燕尾榫。

这副作品是上海市一位普通退休工程师王震华的成名之作，也是他半生心血的结晶。

王震华少年时拜复古建筑的木匠为师，参加工作后利用一切机会去参观古建筑模型工艺展，结果却令他很失望，很多古建工艺品并非真正的榫卯构造，而是用胶水粘接一起的。

退休后的王震华"闭关"五年，潜心制作。"出关"后捧出力作——天坛祈年殿。

一时间名声大噪，成了网红，并荣获"2016世界手工艺产业博览会暨非物质文化遗产保护成果展"金奖。

一位有缘人

力学检验

一个风和日丽的日子,全榫卯结构微雕非遗技艺传承人王震华,领着大伙一起到屋外的田野里,把一个微雕模型——赵州桥,放在平整的地面上,然后手扶一个体重15千克的3岁小女孩从桥上轻轻走过。

这是在测试他的全榫卯微缩作品赵州桥的力学结构,检验它的动态承重能力。

整个桥面拱券微微有点波浪的传送,明显有水平推力传递到桥墩部分。成功了,王震华兴奋地抱起了小女孩,笑意浓浓地挂在老少两个人的脸上,皱纹在王老的脸上荡漾开来,稀疏的白发在空中飘荡……

赵州桥模型

初识榫卯

王震华自幼在上海农村长大,邻居是个老木匠,他没事就跟着木匠捡刨花,他痴迷木工又极具天赋。

一天晚上,两个师哥玩"鲁班锁",却怎么都打不开,年幼的王震华只摆弄5分钟,没想到就解开了。

16岁就掌握了各种榫卯结构技艺,17岁又进入技校熟练掌握了技工。

参加工作后成了工程师的王震华仍迷恋木工,无论走到哪都背着梁思成的《清式营造则例》。

破解鲁班锁

1986年在北京工作期间,他接触了很多古建筑和"样式雷"家族的烫样。

一次在祈年殿,他像是与古代工匠进行了心灵上的沟通,希望自己有朝一日,能用梁思成的"微缩营造法",用榫卯技艺来还原这座大殿。

制作模型

在离家18千米的青浦区农村租了个民房作为"工作室",老王开始"闭关修炼":每天工作10小时,每年休息4天,整整5年!

从那天起,他由一名工程师变成了一个匠人,只为实现心中的梦想。

终于在烧毁了上万个不成功的零件后,做出了第三代模型,却发现没有了当初身处祈年殿时的那种意境、那种仰视感,因为做模型是以俯角来做的。技工专业的他忽略了这一点。

怎么办?重新再来!

当他的第四代作品成功出炉时,全家人都流下了热泪。

王震华凭着"第四版"祈年殿,一举摘得"2016世界手工艺产业博览会"金奖,市场估价数千万元。

世界顶级的手工艺品散发出魅力之光

继续前行

王震华没有躺在"功劳簿"上,而是在两年后又推出了能够证明力学结构的赵州桥模型,他的下一个目标是黄鹤楼模型、上海中共一大会址模型,终极目标是故宫全景模型。

如今,年过花甲的王震华有了自己的徒弟,也常被邀请去学校讲课,但他并没有就此止步。

始终耕耘在榫卯技艺创新中的王震华

他正在着手将榫卯技术与市场资本结合,专门研发适合孩子们玩的榫卯玩具。

相比于市场上热卖的单一维度拼接的乐高,榫卯结构是三个维度的拼接,更考验智慧和动手能力。

他希望有一天,孩子们的玩具首选不再是"乐高",而是中国的榫卯玩具。

一门手艺

　　祈年殿模型高度只有0.64米，却包含了10万多道工序，也满载着王震华的心血与汗水，还有超群技艺。

工序繁复的模型制作过程

选材

祈年殿模型选材是紫光檀，因为它色差小，密度大，含油量高，相对稳定性较好。

材料的不变形一直是木材运用的难点，也是王震华一直在寻找方法要解决的问题。

学徒时师傅告诉他，曲木不能用，木材会出汗。但是一次偶然的机会，他将一块长料在酒精灯上弯曲后，用刀刮和砂纸处理了各两件，一周后发现砂纸打的在变形，刀刮的没变化。

通过8个月的强化环境试验，王震华得出结论：找到一个植物呼吸充分、油路稳定、记忆力大于应力变化的三维尺寸关系值，不变形的目标就可以实现，今天它"弯"出去了，明天它会"弯"回来的，动态守恒。

作品不变形，就有望屹立千年不倒。

紫光檀是制作祈年殿模型的上好材料

磨刀

不编号安装，制作精度能达到±0.02毫米的标准，而且，要达到同工位互换率100%，这是相当有挑战性的，前提是要有一次成型刀和设备工装来保证。

设备是老王自己改装的，所需的1.5毫米的燕尾成型刀，因为定制不到，也是他自己亲手磨的。

刀实在是太小了，开始用的是高速钢材质改制，好磨可以冷却，但寿命不长，刃口易钝。

改为合金钢刃口耐磨性大大改善了，磨制时不能遇水，所以在最后定型修刃时需要屏住气。

报废的材料只能投入灶膛烧掉

操作过程中,烫手还要忍住,不仅不能吹气,而且还要屏住呼吸至少30~40秒,常人不能忍受。

另外,刀的脆性问题更难以解决,5年来,经常零件做到还剩20%左右的时候刀断了,只能重新磨刀改进。

而前面所做的80%的零件因为换了成型刀,只能全部报废,放入房东的灶火。

⊕ 榫卯

早在河姆渡出土的榫卯就已经有了燕尾和直榫带销,这些都是基本榫卯元素。简单常用的榫卯在组合运用上实现构件的锁定就不简单了。

栏杆上巧妙运用燕尾榫的间隙内藏达到限位和延伸效果,闭合尺寸可自由调整。

在斗栱结构上用直榫的间隙实现限位和重力下垂锁定。

做台基、瓦楞、隔扇、斗栱结构均使用了燕尾系列,最小燕尾榫1.5毫米。

瓦楞,常规三个构件才能锁定,而王震华用燕尾导入直榫限位,两个构件实现锁定,这是首创。

隔扇(门)最后一件用螳螂榫和燕尾榫各半组合,燕尾卯增加了一个导入方向,并同时锁定,这也是首创。

王震华通过他娴熟技艺让榫卯结构发挥出了极致的作用。

中国工艺美术大师、第一批国家级非物质文化遗产项目东阳木雕代表性传承人陆光正称赞他的祈年殿作品"东阳木雕城二十年出不了一个,全中国出不了一个"。

极致的技艺才能产生极致的作品

一方水土

❖ 鲁班纪念馆

民间最普遍的说法是，鲁班发明了榫卯结构并将它发扬光大。

鲁班，姬姓，周朝贵族后裔，因为是鲁国人，所以人们习惯称其"鲁班"，原名公输盘、公输般，又称鲁盘、鲁般、班输，尊称公输子。

周武王姬发灭商后将少昊之墟封给了自己的弟弟周公姬旦，国号为鲁国。

少昊之墟就是今天山东曲阜一带。

鲁班纪念馆坐落在离曲阜不远的滕州市龙泉广场，主体建筑以鲁班发明的卯榫结构为主，采用仿古与现代相结合的建筑风格，以土木建筑为主，混凝土框架为辅，构建飞檐画栋、美轮美奂的古建筑风貌，突出精巧典雅的灵性与特色。

传说鲁班发明了许多家具、房屋、舟桥和武器，造福了百姓。

《墨子·公输》和《墨子·鲁问》中分别记有鲁班造攻城作战用的"云梯"和水上作战用的"钩强"。

《墨子·公输》中记载：公输盘来到楚国为楚造云梯，攻打宋国。墨子听到这个消息从鲁国出发，走了十天十夜到达楚国郢都，劝阻了公输盘和楚王。虽然楚王没有攻打宋国，但是云梯保留了下来。

今天，消防人员救火救人时仍然使用到云梯。

《墨子·鲁问》又记鲁班削木竹制成鹊，可以飞三天，这大概是最早的风筝。另据《鸿书》记载，他还曾制木鸢以窥宋城。

鲁班又发明了碾米的石磨、拉水的滑轮，提高了劳动生产力。他还改进了锁钥，可以代替人来看守。

几千年来，公输盘一直被奉为木工、石工、泥瓦匠等工艺部门的共同祖师，被尊称为"鲁班爷"。

鲁班纪念馆

鲁班纪念馆内设有圣祖堂、公祭大厅、航天厅、木器馆、石器馆、兵器馆、建筑厅、舟桥厅等，彰显"百工圣祖"的特点。

墨子纪念馆

滕州龙泉广场内还建有一座墨子纪念馆。

整个建筑庄重古朴，都是平脊挑角，方吻扣檐，宝顶高耸，碧瓦粉墙，黑色大理石台基；门阔窗高，嵌以蓝宝石玻璃，恢宏壮观；厅连廊通，道曲径环，名花异草，绿树成荫，是现代技艺与民族形式相结合的园林建筑群体。

墨家在先秦时期影响很大，"兼爱、非攻""节用、尚贤"的思想深入人心，与儒家并称"显学"。"百家争鸣"时期，有"非儒即墨"之说。

墨子，名翟，本是一名能工巧匠，曾经创立了一整套守城的工具和方法。

《墨子·公输》记载，墨子走了十天十夜到达楚国去劝阻楚王攻打宋国，墨子与鲁班在楚王面前做了一场攻城与守城的演习，鲁班用了各种攻城的巧妙战术，都被墨子抵御化解了。

"墨守成规"最初就是指墨家擅长守城之术，后来才演变成固执守旧的意思。

在墨子纪念馆军事厅，展示墨子军事思想及防御措施，其亮点是城防、连弩弓演示等。

墨子创立了以几何学、物理学、光学为突出成就的一整套科学理论。

他和他的学生，做了世界上第一个小孔成倒像的实验，解释了小孔成倒像的原因，指出了光沿直线进行的性质，早于牛顿2000多年总结出相似的理论。

墨子纪念馆利用实物场景再现研究成果，在小孔成像室，游客可以体验墨子小孔成像原理的奥妙，在科技厅可以身临其境地体验到墨子时空观的博大，亲身体验墨子关于声音直线传播的实验。

墨子纪念馆

一段历史

❖ 榫卯

俗话说"榫卯万年牢",不用一颗铁钉,仅靠榫卯工艺,便可做到扣合严密,牢不可破,使用百年而依旧坚固美丽,榫卯结构在我国建筑史上起到了至关重要的作用。

距今7000多年前的古代人类遗址中就有发现多种式样的榫卯结构物品,当时的榫卯结构主要运用于房屋的建造上。

而到了春秋战国时期,鲁班将榫卯结构的技术运用于家具和建筑中。

及至明朝,榫卯结构的运用达到了顶峰,尤其是运用在传统家具上。

据说,这一方面是由于鲁班传人的代代钻研,另一方面也是由于郑和下西洋引进了大量海外质地坚硬的木料。

榫卯工艺堪称中国国粹,可以与京剧媲美。

它不但外形精致美观,而且实用性极强,不易锈蚀又方便拆卸。

回看那些经典的榫卯结构的工艺,恰似在重温中国之美,而且是惊艳世界之美。

一榫一卯就是牢固的联结

❖ 烫样

中国古代的建筑模型的历史可最早上溯至新石器时代,但并没有当时实物留存下来。

今天有实物存在且可与明确文献记录对照的建筑模型当以清代烫样为代表。

烫样就是为了给皇上御览而制造的建筑模型，用纸张、秫秸和木头等加工制作，用特制的小型烙铁熨烫成型，因而名为"烫样"。

清朝建筑工程承袭唐朝以来的制度，有内、外工之分。工部营缮司掌管外工，内务府营造司承办内工。

内务府营造司设有样房、算房，样房负责设计图纸、制作烫样。

清代的样式房是皇家建筑样式的专门设计机构，相当于现在的建筑设计院。

清代样式雷烫样模型

自清康熙年间到清末，有一支雷姓家族几代人都曾担任样式房长班，被尊称为"样式雷"。

"一家样式雷，半部古建史"，"中国六分之一的世界文化遗产，均出自雷氏家族"。

"上有鲁班，下有长班，紫徽照令，金殿封宫"，"样式雷"家族在一部近三百年的清史上显赫了二百余年。

1911年，辛亥革命爆发，帝制结束。样式房差务消失，样式雷从此退出历史舞台。

烫样工艺也随着雷家的衰落而失传了……

⊕ 传承

"样式雷"第五代传人雷景修曾经在重建被英法联军焚毁的圆明园工程中作出过重大贡献，他把祖传和自己工作中保留下来的设计图样，包括各个阶段的草图、正式图、烫样模型等专门用三间房子收存起来。

国家图书馆现存的绝大部分样式雷图档，就来自上述家藏。

20世纪30年代初，著名建筑学家梁思成在通过对《清工部工程做法》深入研究，又收集整理了工匠世代相传的秘本，著成《清式营造则例》，提炼出清代官式建筑的做法，用生动的文字对各部分构件的名称、功能、位置和尺寸加以阐释。全书配有28幅现代工程绘图，83幅实物照片。

此书自出版以来，一直是中国建筑史界和古建修缮单位的重要"文法课本"。

2016年，上海一位退休工程师王震华依据榫卯理念，运用现代技术和制作手段，以梁思成先生的《清式营造则例》为设计指导，实现不用胶，不编号，不变形的微缩全木作品——祈年殿。

正是有了这一代代人的努力，有了榫卯模型再现中国古建筑工艺，先民的木作智慧才得以在今天钢筋混凝土的世界传承下去。

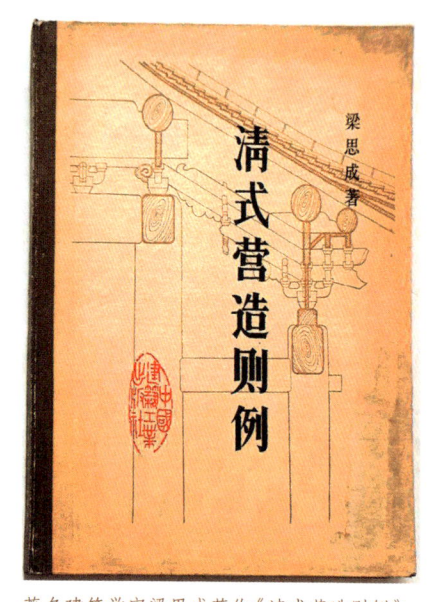

著名建筑学家梁思成著作《清式营造则例》

一袭传统

中国先民以木为巢,很多古建筑都是全木结构。

榫卯,伴木而生。

◈ 两个层次

榫卯有两个层次:节点和结构。

第一层次是节点,榫卯是零件之间的连接关系,连接点是首先被关注的。节点的形式是凹凸、阴阳,即榫卯。

节点的特点是限位,通常只剩下一个自由度(平移和旋转)。

节点的特例是固定,利用弹力在材料内产生应力消除所有自由度。

第二层次是结构,结构特点之一是"活",通常榫卯零件间是有间隙的,所以榫卯结构模型是可以摇动的。

在实际工程中它具有防止木材开裂、方便装拆、抗震等优点。

结构特点之二是"锁定"。即零件间是相互限位的,如乙限制甲、丙限制乙、丁限制丙……,最终甲乙丙丁……锁定构成一个部件。

结构理念

榫卯结构理念是民族智慧的结晶，它的"错位，限位，避让"结构是哲学的、辩证的，是中国传统文化在古建筑应用领域的集中体现。

错位即分割，限位为对立，避让为统一共存。

一方面是牢固，内部填满，尽量保留木材的截面尺寸，保证结构的强度；

另一方面是美观，外形限制在体内，在外形上不露痕迹，表达了中华文明含蓄的东方智慧。我们并不把榫卯看作一种技艺，榫卯更是一种文化。

榫和卯的形式是按需体现的，几千年的榫卯发展史，你避我让的百变结构汇成榫卯的大海。

榫卯有着悠久民族历史，体现了古人深邃的哲学思想以及天人合一的世界观，凝聚着中国人追求完美、精益求精的工匠精神，是古代科学技术与文化艺术的美妙结晶。

榫卯艺术既是结构与理念，更是文化与传承

内力外美

　　凭着童年的爱好和半生的钻研，上海退休工程师王震华"闭关"五年，实现了一部无论是外观还是内在都体现出"榫卯文化"的作品——祈年殿。

　　榫卯不是靠摩擦力来固定的，是靠结构之间的互相关系锁定的，基础结构的水平和垂直方向的错位搭建，建筑物在受载时有合理的力的传递能力。

　　为了能通过建筑模型的榫卯结构设计来展现这个力的传递，王老又利用两年的时间完成了赵州桥的模型制作，并进行了力学实验。

　　动态承力实验开始了，当30斤重的孩子一步步走上桥，桥面有波动，在传递力，拱券明显的水平推力在传递到桥墩部分。整个桥像放大的承力表演，非常直观，可以给学生们上一堂生动的拱桥力学课。

　　榫和卯之间的间隙，为抗震的延时缓冲。榫卯建筑的墙倒屋不塌，千年留存，榫卯家具的百年不散，都体现了榫卯的智慧：天人合一，道法自然。

榫卯结构既有外观之美，又有内联之力

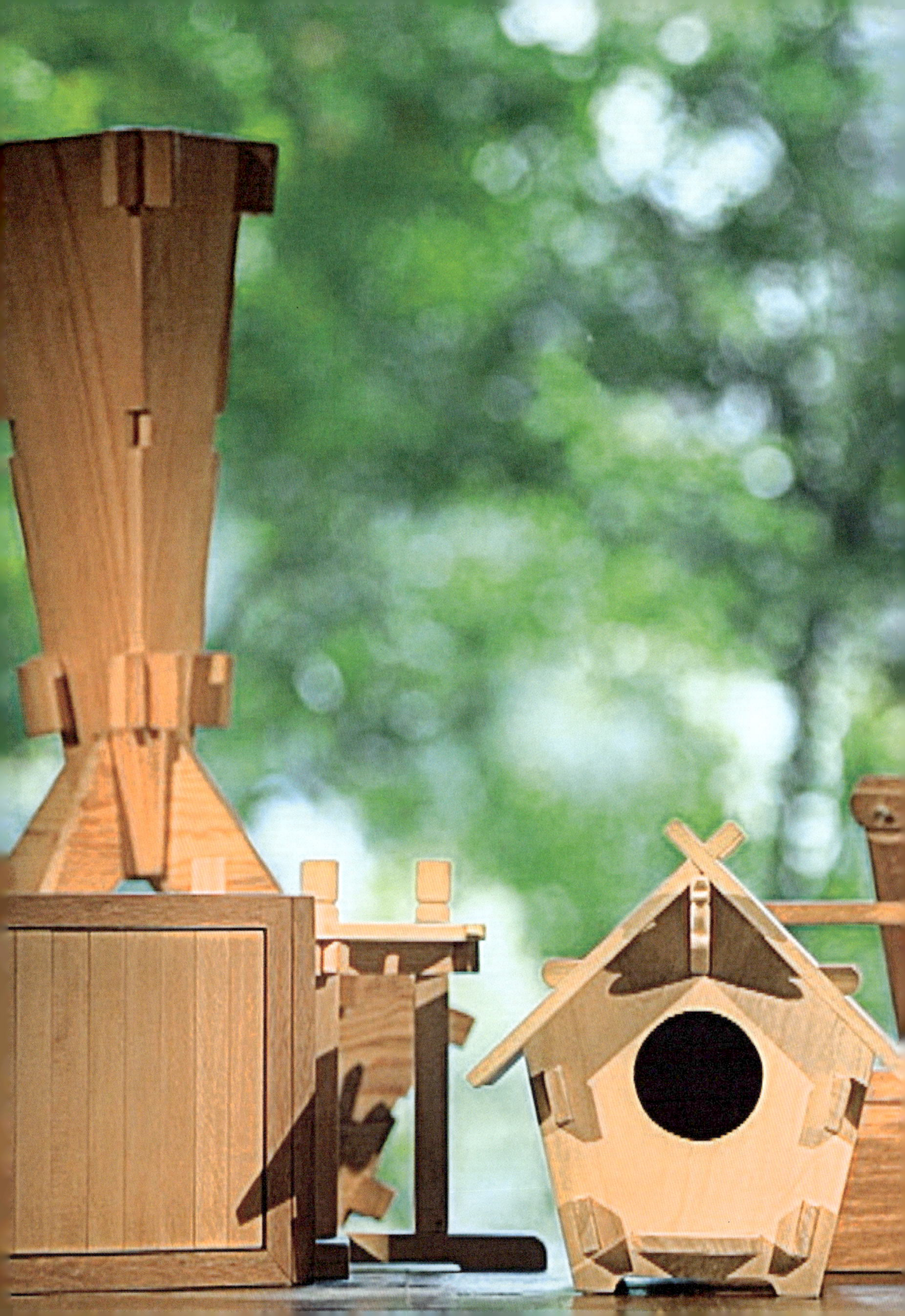

松配榫卯
Songpei Sunmao

一件作品

2020年7月22日，当红纪录片《爸爸的木匠小屋》第三季在哔哩哔哩网站开播，自2015年播出以来，《爸爸的木匠小屋》第一季、第二季的播放量近2000万，收获豆瓣9.2的评分。

第三季播出后再次获得9.7分高分。

第一季共24集，是以中国传统农历二十四节气为主线，每一节气主人公郑爸爸会顺应这个节气做出与之相应的别具一格的木器，受到万千网友的喜爱。

比如第一集拍摄，恰好是芒种时节，人们开始忙于生产，播种撒谷、耕耘劳动。所以，在布谷鸟的声声催促中，郑爸爸做了一件榫卯鸟巢。

又如第六集，七夕——中国的情人节，郑爸爸为郑妈妈亲手制作的一件礼物——木作情人结，30多年夫妻感情在那一刻凝结在了这款情人结中。

最令人惊叹的是第二十三集，立夏节气郑爸爸做的机关木盒。

通过盒子里面木条之间的衔接，没有任何金属和弹簧，也不存在电子产品，就能设置成机关，需要输入密码，也就是按照正确的启动程序才能打开这个盒子，而且一旦密码被人发现了，还可以重新设置。

这种平日里只在电视剧里看到的机关密码盒子竟然真实地出现在了我们面前。

榫卯鸟巢

七夕郑爸爸为郑妈妈亲手制作的礼物——木作情人结

"爸爸的木匠小屋"中的木器

立夏，"蝼蝈鸣，蚯蚓出，王瓜生。"在这个"万物皆长大"的时节，郑爸爸的木作想法更加成熟了，童年时的一些奇思妙想，在为女儿纪录片的拍摄过程中实现了。

第二季也是24集，这一季中仍是以二十四节气为线索，拍摄的主体内容虽与节气相关不大，却和木作品紧紧相连，木作品也更多是与生活息息相关的家居用品，如灯罩、鞋盒、锅铲把儿、量米勺、三角板凳等。

在拍摄过程中融入了一些教授制作的手法、如更多特写镜头、动画展示郑爸爸所说的制作细节等。

那是因为第一季热播后，网友们纷纷反映希望自己也能学会做一些美妙精致的小东西，所以导演及摄像师做了一些画面的改进。镜头的运用也从注重画面的精彩效果改为更多反映主人公的木艺制作过程。

木制松配榫卯工艺品灯罩

第三季以农历十二个月为背景，分别做了十二种不同的家具、玩具和一些生活用具：

暑月（六月）——渔网果盘；

巧月（七月）——高达百宝箱；

桂月（八月）——柿染布包；

玄月（九月）——后备箱隐藏桌椅；

良月（十月）——便携酒盒；

葭月（十一月）——佳美兰铜排琴；

腊月（十二月）——小马雪橇；

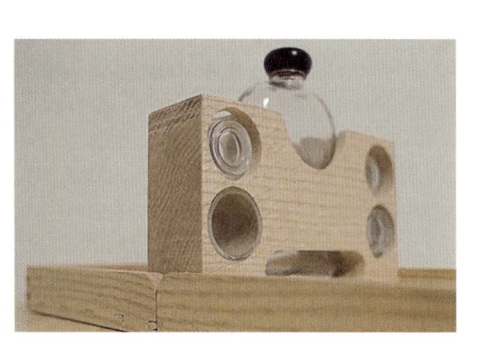

渔网果盘

木制工艺品——高达百宝箱

便携酒盒

正月（一月）——细沙压制器；

丽月（二月）——春之花器；

绸月（三月）——活榫画框；

麦月（四月）——梯田笔筒；

蒲月（五月）——鞋撑吉他架。

这一季郑爸爸又用新设计的榫卯构造打制了几套家具——方桌、眠床、酒柜、凉椅。新家具用的是卡口设计，有点像乐高玩具卡口的形式，郑爸爸给这些创新家具的设计方式起了新的名字——松配榫卯。

鞋撑吉他架

一位有缘人

◉ "宫崎骏"

"长得像宫崎骏。"

网络纪录片《爸爸的木匠小屋》正在哔哩哔哩网站上播出，不断有弹幕划过。

"都像了三季了"，有人回复。

"大叔好帅，手艺更帅。"

"这个我想学。"

……

在不断飘过的弹幕中，一些新进来的网友逐渐了解了主人公"郑爸爸"——木工匠人郑安全。

郑安全，不仅是一名手艺精湛的传统木工手艺人，更是一名将中式榫卯结构巧妙融合了创新思维，设计制作了多种巧妙的实用木器，拥有多项专利的新一代巧匠。

纪录片《爸爸的木匠小屋》主人公
郑爸爸——郑安全

塘栖古镇

    郑安全出生在浙江余杭塘栖古镇，这里曾经全部是木质的房屋，京杭大运河从镇上的一座座木屋间穿过，童年的他就不太喜欢说话，望着穿镇而过的运河，脑海不时涌现新奇的想法，对于身边一些物件也常爱摆弄修理。

    20世纪70年代，他初中毕业作为知青下乡。下乡之前，他想既然喜欢木头，就去学了木匠手艺傍身。从此在木工这个行业里，他凭借兴趣而不是为了谋生，做了大半辈子。

    在他的家里，"私人定制"的实用小家当，大大小小100多件，都是他亲手制作的。从设计装修房子到妻子的发簪，从量米勺到"情人结"……他的本职不是木匠，做出来的东西却比木匠还精细，家里所有修修补补的东西，他全部揽下。

机关盒

2018年12月，郑安全带着他精心制作的传统手工木器，走进中国科技馆大讲堂。

白发白须，戴着黑框眼镜的郑安全，言语不多，慢条斯理，不像一位技术人员，倒像一名艺术家。

在中国科技馆大讲堂，对传统木匠工艺感兴趣的现场观众都被他带去的纯木"机关盒"难住了，大家试了半天都打不开。

这个盒子上面的部分通过榫卯的相互配合、交汇，借助杠杆原理，相当于一把锁，只有按照正确的步骤操作才能打开。

整个盒子120多个部件，靠榫卯之间环环相扣，展现出结构的巧妙性。

立夏节气郑爸爸做的机关木盒

多年以来，郑安全最感欣慰的一点就是没有把这个手艺丢了。学后四十余年里，木工虽然不是他的主业，但无论家搬到哪里，他都会找出一个小空间作为木工房。

在郑爸爸眼里，每一棵树长到成材都很不容易，必须认真对待。他认为现在的木匠太注重造型，在结构上没有真正下到功夫，其实结构才是木工的根本，只有从结构上入手，木制品才能被深入发掘，木作手艺也才能真正发扬光大。

纪录片

搬家后，郑安全依照老屋里遗留下的原有家具模样，按比例做了一套样式一样的微缩家具。

他每年几乎都要做几件这样的微缩家具，摆在橱窗里作为自己的收藏品。

他觉得这些家具反映了那个年代的面貌，留给后代是有价值的。

女儿至今都很怀念跟爸爸一起做手工的时光，用蜡烛滴下来的油做的小东西，还一起用锡做小玩具等。

　　长大后的女儿没有继承父业，而是选择了自己喜欢的影视制作行业，郑安全选择的是支持的态度，女儿拍摄纪录片，他也全力配合。

　　在纪录片里他使出了浑身解数，由于片子是按节气来拍，每个月要拿出两部作品，这个一辈子不紧不慢的人一下子有了紧迫感，也脑洞大开，生出了更多的创意。

　　仲春的风筝、雨季的伞架、冬至温暖异乡儿女的暖手炉……大雪时节手持出行的手杖，在走累的时候又可以变身成小板凳，让行路人坐下来休息……

　　甚至为了拍摄需要，郑爸爸还回到了离别多年的塘栖古镇，把老屋改建成了纪录片里的"爸爸的木匠小屋"。

　　连播三季的纪录片，郑安全的新颖创意，吸引了很多人在网上或者找上门来跟郑安全学习木艺创作。虽然女儿没有接替他手中的木业，但是他相信这门手艺一定会传承下去的。

爸爸的木匠小屋里已经摆满了各式木制手工艺品

一门手艺

传统家具的榫卯结构讲究紧密契合,让成品不致散架垮塌,然而木材因为热胀冷缩原理,时间久了都会有些松散。传统木工是在榫卯设计上留有一些余地,在纪录片《爸爸的木匠小屋》中,主人公郑爸爸则是设计一些本身就松散的木构件连接,依靠机关锁定。郑爸爸把这种连接叫作"松配榫卯"。

❀ 方桌

一般的桌子都是用榫卯连接的,属紧配式,但是郑爸爸的新桌子上下卡口,有点像乐高的卡口形式。

相互之间在一起形成一个整体,而且可以拆卸、重装,并不影响整个家具的稳定与强度。

桌子最怕的就是做好后晃动,而卡口是很容易晃动的,不如榫卯紧密,这就增加了设计和制作的难度,要求每一个环节都得十分合理。

郑爸爸虽然年过花甲,电脑绘图的本事却一点也不比年轻人差,坐在电脑前动动鼠标,一会儿一张CAD绘制的方桌模型图就出来了。

按图施工,接下来开始制作。

在一条细长木上凿孔、打眼儿,这根长条木是桌腿,桌腿上凿有很多孔,正斜孔、圆孔、方孔,这些孔是用来连接的榫眼。

正斜孔用来插入一块长木条,形成支架;方孔主要是用来固定横档;圆孔是用来固定内销的孔,这个销是要插在与桌腿连接的面板上的。

四条这样的桌腿做好后,再做面板,就是与桌腿上的销连接起来的四条木板,这四条木板的另一端也有卡口,四条木板在卡口处两两相接,构成一个稳定的"十"字形。

就这样，四条面板一端与四条桌腿相连，一端互相卡住连接在一起。

方桌的第一层结构就打造好了。

把这样一个"十"字形结构的桌架稳稳地固定好，又是可以随时拆卸的，这是松配方桌的最大难点。

将一些可以固定的零件安装好，榫头、榫眼对好，卡口处连接好，稳稳地将四条桌腿立起来，桌子大概的雏形就在这里了。

这就是第二层结构，是一些细碎而严密的工艺。

第三层结构也是最后一层，把厚厚的四方形木桌框套在上面，再把事先裁好的玻璃板放到木框中，一张方桌就大功告成了。

采用榫卯制作"十"字形结构的桌架是松配方桌最难的地方

三种榫头形式

大功告成的榫卯方桌

酒柜

先把酒柜的一个个小配件制作好，之后再做小框，然后整个组合起来。

抽屉的所有部件都可以单独拆卸，单独组装。

所有木构件连接好后，用一根细木条锁死，就固定了，卡口之间不会松开，不懂原理的人也无法拆卸。

这里用的是松配固定锁装置。

抽屉拉手处两端分别多了一小部分，而这小小的一部分就足以被两边的立框挡住，使抽屉不致被推得太深，避免对抽屉造成伤害，也让下次再拉开时会比较容易。

酒柜用了共156块配件，连郑爸爸也没有算清用了多少个榫卯，转角处设计得更是别有用心。

这四个角每个角有一定的斜面，这个斜面设计很有说法，制作起来也有相当的难度。柜子腿的斜度与柜面的斜度一定要搭配好，如果配合不好，卡口处连接就会不牢固，做好的柜子也会不稳定。

通过郑爸爸的认真绘图、辛苦制作，一个"松配榫卯酒柜"就摆在我们面前了。

其他家具如睡床、凉椅等也都各有奥妙之处，郑爸爸设计的"松配"家具有所创新又不失传统木制家具的味道，称得上经典，也值得收藏。

松配榫卯酒柜

一方水土

　　塘栖古镇位于杭州北部的余杭区，著名的京杭大运河穿镇而过，历朝历代以来，塘栖均为杭州市的水上门户。古镇知名度虽不高，却曾经是"江南十大名镇"之首，现在依旧是一幅小桥流水人家的景象。

⊕ 广济桥

　　位于塘栖镇西北的广济桥，又名碧天桥、通济桥，俗称长桥，如长虹卧波般横跨于京杭大运河南北两岸，是大运河上至今

广济桥

保存尚好的大型薄墩联拱石桥。从桥下拾级而上，感觉像是在爬山。走到桥顶，可以看到古镇的全貌。

清光绪《塘栖志》卷三《桥梁》载："通济长桥在塘栖镇，弘治二年建。"

明代弘治二年（公元1489年），一个姓陈的僧人为了修建桥，一路募捐，一直到了北京，得到了皇太后的赏赐，也得到了宫中的众嫔妃与大臣们的资助。

桥于弘治十一年（公元1498年）建成。

后世五百多年中，桥不断得到重修和修补。

如今桥全长78.7米，面宽5.2米，矢高7.75米，中孔净跨15.6米。七孔，拱券纵联并列分节砌筑，桥两坡各设石阶80级，桥的两侧各有一列四座石刻镇水兽趴在水面。

石栏板素面，栏板两端为卷云纹抱鼓石，共有望柱64根，四角望柱上刻覆莲。

广济桥历经500多年仍雄踞京杭大运河之上，连同江南的富庶、繁盛，和着桨声、船夫号子声写进了京杭大运河漕运史中。

超山赏梅

超山位于杭州之北,余杭区境内塘栖镇,是一座风光绮丽、古迹众多、传说迷人的平原小山,主峰海拔260米,超然突立,因而得名。

超山梅景闻名于世,盛放时方圆十里如飞雪漫空,有"十里梅花香雪海"之美誉,每年的"梅花节"都是游人如织。

杭州的超山与苏州之邓尉,无锡之梅园,并称为江南三大梅林,并以古、广、多、佳而名列之首。

超山植梅有千余年历史,有素心蜡梅、铁骨红梅等几十个品种;其色有玉白、粉红、萼绿、淡黄等;景观梅有百余亩之多,达数千株,尤为珍贵的尚存唐梅、宋梅各一株。

宋梅乃是一罕见的六瓣名种,浅绛色。

这枝六瓣宋梅是清代被人从南宋福王的花园移植到超山的。如今虽已枝裂干空,摇摇欲倾,需靠危石支撑身躯,却仍然虬枝古干,屈曲苍劲,依然花繁叶茂,香馨人间。

中国有五大类古梅:楚梅、晋梅、隋梅、唐梅、宋梅,超山就有其二。

拥有唐梅和宋梅两枝古梅体现了超山梅花的历史,而独有的六瓣梅花更是增强了超山梅花的独特性。

超山梅花

无锡梅园

唐梅其事

《西湖揽胜》载："超山梅海之中，有两株老梅，一唐一宋，闻名江南。"宋梅是宋代人的遗种，这是有据可查的。但是唐梅，却并非唐代人所手植。

所谓"唐梅"，其实是唐珏所种的梅树。

唐珏字玉潜，南宋会稽山阴人，寓居塘栖，很有学问，讲求名节。宋亡后隐居不仕。

元朝宰相桑哥派西域僧人杨琏真伽发掘在绍兴的宋帝"六陵"和其他坟墓。

该僧带人将"六陵"全部掘毁，所有宝物悉数盗去。众帝后遗骨被任意羞辱毁坏，抛弃荒野。宋理宗被倒挂尸体，撬走口含的夜明珠，众人又沥滤其体，取走腹内用以保存尸身的水银。

唐珏知悉后义愤填膺，率几位友人趁月夜渡江，潜入"六陵"，将骨殖一一捡拾，葬在天章寺前，并栽上冬青树以作标记。

后人为纪念唐珏的义举，称其所栽的冬青树为"唐梅"。

后来人们将这株冬青树移植到超山，这样说来，所谓"唐梅"，其实也是宋梅。

它同另一株宋梅一样，虽经过八百余年的风霜雨雪，老干奇古却又茁发新枝，更是别有一番风姿。

《西湖揽胜》

一段历史

中国不同时代人们不同的生活方式，决定了中国家具发展的方向。

◉ 家具雏形

当人类从原始洞穴中走出来，"构木为巢"，木质建筑开始出现，在一定意义上有了"家"，也有了"家具"的雏形。

春秋战国时期，漆木家具开始出现，虽然低矮，但是质朴精美。竹席、桌案、床、箱、屏风等色彩斑斓，黑色打底，配上红、黄等色，四边饰以连续的浮雕形图案。

秦汉时期，家具的类型增多，床、榻、几、案、屏风、柜、箱和衣架等，但由于席地而坐，这些家具都很矮。

东周（战国早期）彩漆后羿弋射图衣箱 　　　　湖南长沙马王堆汉墓出土的漆器

高型家具

　　魏晋南北朝时期，大规模民族融合出现，从少数民族地区引入了胡床、椅子等高型坐具。装饰题材也融入了当时的外来宗教色彩，莲花纹、飞天纹、忍冬纹、火焰纹等与佛教有关的纹饰颇为流行。

　　隋唐五代，在外来文化的影响下，人们席地坐地的方式逐渐转变坐下后将双脚垂下放于地面，此时存在高低家具并用的情况，至两宋，"垂足而坐"的习惯基本形成，也形成了以桌、椅、凳等高型家具为中心的生活局面。

　　通过《挥扇仕女图》可以看到，画中妃嫔有的"席地而坐"，有的"垂足而坐"，坐具是高型与低型并存的。

　　《韩熙载夜宴图》画中人物所用几乎都是椅子、条案这样的高型家具。

《挥扇仕女图》（局部）

《韩熙载夜宴图》（局部）

◉ 家具艺术巅峰

明代开始大肆兴建宅第园林，从东南亚等地大量进口紫檀木、花梨木、香枝木、酸枝木等珍贵木材，开启了红木家具的使用时代。

明清时期家具

由于木工技术水平的提高，加上大量文人墨客的参与设计，明代家具造型高端典雅、线条简洁流畅，榫卯结构精密严谨、科学合理，有些家具流传至今天仍坚固耐用。

　　清朝中期，"康乾盛世"皇家与显贵的苑囿园林争奇斗艳，开始追求制作精巧新奇的宫廷家具。比如有一种宫廷木床，床上不但有帽架、衣架、瓶托、灯台、悬余架，而且还有可以升降的痰桶架。

　　同时，受西方的巴洛克与洛可可艺术影响，家具造型上，统治阶层摒弃了明式家具的简洁、轻盈、优雅的风格，形成了威严、豪奢、华丽的特点。

近现代家具

清朝灭亡后，宫廷家具走向民间，西洋家具也在中国有了一定市场，手法上"西式中做"，桌、椅、台、柜等家具腿出现了安尼女王式、路易十四式等。大批家具上都镶有彩色玻璃和镀汞玻璃镜。

现代家具有了明显的套装、组合的概念。

一套家具一般包括床、床头柜、大衣柜、五斗柜、梳妆台、梳妆凳、沙发、餐桌、餐椅或餐凳，9件共36条腿。

"36条腿"成为20世纪七八十年代时尚家具的代名词。

20世纪90年代流行"聚酯"家具，"涂酯"可以延长家具的生命周期。

以刨花板为板式基材，先刷黑色底色，然后涂上透明的聚酯漆，漆膜丰满光滑，再在表面饰以"梦幻色""珍珠花"等多彩图案。

纵观家具发展的历史，每个时期家具的风格各不相同。随着时代进步、文化的发展、思想的进步，家具风格也将更加新颖别致、美观独特。

漆膜光亮的现代家具

一袭传统

"琴棋书画诗酒茶"是文人、士大夫修身养性的器物与方式,而把酒赋诗、对弈品茶不可或缺的载体便是各类家具——琴台、棋案、书桌、茶几等。

同样,乡野百姓,一食一眠,也离不开睡床、桌椅等家具。

家具,由于不同的文化背景和不同的地域环境,产生了不同的风格样式,直至发展到明清时期,逐渐形成了三大流派:苏式、广式、京式。

苏式家具

苏式家具的代表作是明代家具,此时的家具蕴含着一股儒雅文秀的气质。

由于大量文人的参与,雕刻风格较为细腻,大多为小块堆嵌,整版大面积的极为少见。镶嵌材料多为玉石、象牙、罗甸、各种颜色的彩石,各种木雕中以鸡翅木较多。

苏式家具制作一木连作,上下贯通,各部件没有明显的分离。苏式家具的大器物多采用"包镶"手法,即以杂木为骨架,外面粘贴硬木薄板,这种包镶作法,虽费时费力,技术要求也较高,但好的包镶家具,不经过仔细观察和用手触摸,就很难断定是包镶作法,家具整体感较好。

明代苏式家具的一招一式,空间尺寸,都经过反复推敲,甚至达到了增一分则长、减一分则短的地步。即使是陈设,也有一套相互适应的规范。

线条流畅的苏式家具

✤ 广式家具

作为实木家具的重要产地,广州虽晚于苏州,但其发展异常迅速,成绩斐然,特色鲜明。

有别于苏式,广式家具普遍存在大面积的雕刻装饰,纹路细致、样式精美,广式家具雕刻手法多样,浮雕、高雕、通雕、圆雕、立体雕等,都运用得淋漓尽致。

广式家具的装饰题材丰富多彩,纹路宽广纵深,它取材于自然形态的动植物,如梅兰竹菊、鹤、龙、蝙蝠、鸳鸯等,也有云纹、夔纹、海水纹等,也有中西合璧兼而有之的纹样,最常见的是竹节与梅花。

广式家具的制作特点是用料粗壮,造型厚重。为讲求木性一致,大多用一木制成,用料清一色,各种木料互不掺用,且不饰油漆,木质完全裸露,让人一看便有实实在在、一目了然之感。

广式家具在清代中期打破了苏式家具的垄断局面,成了清代家具的经典款式。

精于雕刻工艺的广式家具

◈ 京式家具

现代史学界一般认为京式家具是以清宫宫廷作坊，如造办处、御用监在京制造的家具。在清代家具流派中，京式家具与苏式和广式家具呈三足鼎立之势。

京式家具具有线条挺拔、曲直相映、明快自然的风格，在材料选择、工艺制造、使用功能、装饰手法诸方面均达到了有机的结合。

单从纹饰上看，京式家具别具一格，它将商代青铜器和汉代石刻艺术纳为己用，融进家具艺术，这是京式家具有别于其他地方家具的独特之处。

因宫廷造办，制作家具不惜工本和用料，清代宫廷京式家具较明代时期的家具显得宽大，家具雕刻装饰的范围也随之增加，其造型呈雄浑、稳重、繁缛与华丽的风格。

京式家具中规中矩、严谨安定、典雅秀丽的特点和当时中国统治者的追求不无关系，在威严的皇权制约下，难免会使打造出的家具庄严有余，却缺失一点点灵气。

不过从另一种角度来说，有时候遗憾也不失为一种美丽。

中国家具在漫长的历史发展过程中，产生了多姿多彩的品类，也形成了独有的丰富的深厚的文化魅力，是中华民族悠久灿烂文化的一部分。

典雅秀丽的京式家具